現役サブスリーランナー100人の悩みを解決

走る医師団が答える
「ランニングケア」

医療法人社団nagomi会
まつだ整形外科クリニック院長
松田芳和（著）

現役サブスリーランナー100人の悩みを解決

走る医師団が答える
「ランニングケア」

現役サブスリーランナー100人の悩みを解決

走る医師団が答える「ランニングケア」
Contents

腰・腹部	尾骶骨打撲からきている腰の痛みを取りたいです
全身	全身の左右のバランスを均等にしたいんです
その他	エンデュランス系競技の消化器対策が課題です

走る医師団

松田芳和
（整形外科医）

フルマラソンのベストは
3時間58分06秒
（東京2012）

1967年生まれ。富山医科薬科大学（現富山大学）卒業
2010年熊谷市にまつだ整形外科クリニックを開院。2017年メディカルフィットネスとカフェを併設した健康スポーツクリニックを開院。「医療」と「スポーツ」と「食」を融合させ健康寿命の延伸をはかり、地域社会の発展に貢献すべく精力的に活動中。日本整形外科学会専門医、日本スポーツ協会公認スポーツドクター、日本医師ジョガーズ連盟所属ランニングドクター、埼玉県ラグビー協会メディカル委員、一般社団法人健康スポーツ研究会会長

佐藤恵里（内科医）

東京女子医科大学卒業
医療法人社団松恵会けやきトータルクリニック内科医、リウマチ科、医療法人社団nagomi会まつだ整形外科健康スポーツクリニックリウマチ科。日本医師ジョガーズ連盟認定ランニングドクター、日本横断川の道フットレース2019（254km）女子優勝。100kmのベストタイムは9時間44分41秒（茨城100kmウルトラマラソン2019）

北原拓也（内科医）

東京慈恵会医科大学卒業
賛育会病院内科医長、日本肝臓学会肝臓専門医、日本医師ジョガーズ連盟認定ランニングドクター、サブフォーすらできない鈍足ランナーからサブスリーランナーになる決意をして実行。自身の経験を基に怪我・故障と向き合う方法を、ランナーに伝授している。フルマラソンのベストタイムは2時間50分31秒（湘南国際2019）

藤田和也（理学療法士）

埼玉医療福祉専門学校卒業
医療法人社団nagomi会まつだ整形外科クリニック所属。
ランニングを始めてすぐに様々な痛みやケガで走れない辛さを経験。日々の臨床経験からランナーへの適切なアドバイスを行っている。フルマラソンのベストタイムは3時間42分49秒（東京2018）

法貴篤史（理学療法士）

埼玉県立大学卒業
医療法人社団nagomi会まつだ整形外科クリニック所属。
「ツラい・キツい・イタい」の3拍子から始まったマラソン人生。自身で原因を分析してラクに走るノウハウを構築。身体の仕組みを考えて理想の走りを追求中。フルマラソンのベストタイムは3時間31分17秒（つくば2019）

長谷部了（整形外科医）

群馬大学医学部卒業
整形外科はせべ医院院長、日本スポーツ協会公認スポーツドクター、日本医師ジョガーズ連盟所属ランニングドクター、フルマラソンのベストタイムは4時間5分36秒（ぐんま2015）

安西仁美（管理栄養士）

実践女子大学管理栄養士専攻卒業
食アスリートシニアインストラクター、2019年公務員栄養士からフリーに転向。プロランナー・神野大地の食サポートはじめ、様々な分野の栄養相談や講座、給食業務のアドバイス等を行っている。

Special Thanks　澁澤一行（医師）、桜井徹也（理学療法士）、三澤由子、荻原祥太、黒木啓光、近藤里沙、長山将吾、岩崎翼、為ヶ谷祐太、外丸千明

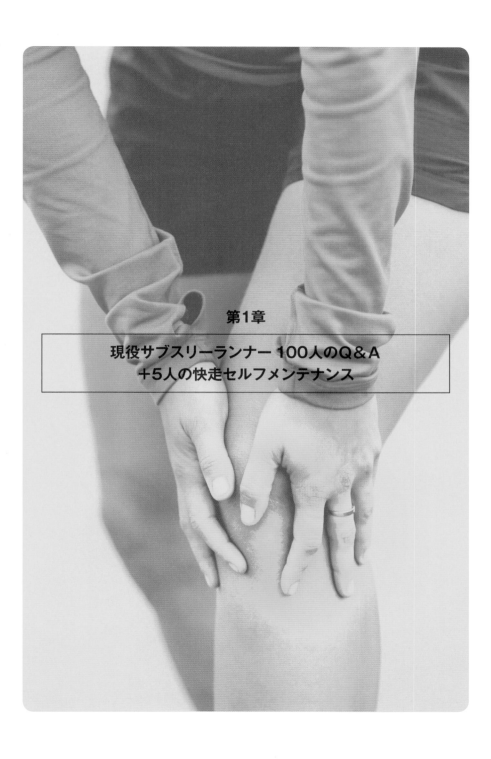

第1章

現役サブスリーランナー 100人のQ＆A
＋5人の快走セルフメンテナンス

足（甲・裏）

足首

ひざ

もも

すね ふくらはぎ

股関節

下半身

お尻

腰 腹部

全身

その他

足のむくみと筋肉量の差に
ついて悩んでいます

Q 強い練習やレース後などの足のむくみが酷く、指で押すと穴が開くような感じでサイズも二回りくらい肥大します。筋肉量の差もあり（特に左脚が少ない）、早期改善するセルフケアと、バランスの改善法はありませんか。

内糸大樹さん（43歳）

2時間59分39秒
（加古川2017）

血流を改善してむくみを取り左脚は
筋トレをしてみてください

A 強い負荷をかけることで、筋肉が傷つくと炎症が起こり、毛細血管から皮下に水が染み出ることで、むくんでしまいます。入浴で温め、軽いマッサージで血流を改善しましょう。皮下の水を毛細血管やリンパ管に再吸収させると、早く回復します。左右差は、筋肉の少ない左脚を筋トレなどで、一度集中的に鍛えて、様子を見ながらトレーニングしてみるといいでしょう。

右足足底腱膜炎、右坐骨神経痛などが心配です

練習強度を上げると痛みが出ます。故障履歴を無意識にかばった走行バランスの崩れが根本原因で、フォーム改善（筋力不足・脳の誤指令解消、指令伝達系強化）を図っています。痛みからの練習が適切だったか？　の指標が知りたいです。

永井 豊さん（57歳）

2時間57分25秒
（別大2020）

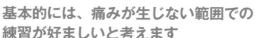

基本的には、痛みが生じない範囲での練習が好ましいと考えます

このような場合、基本的には、痛みが生じない範囲での練習が好ましいと考えます。患側をかばって練習を続けると、他の部位に障害を生じるリスクが高くなります。10kmで痛みが出る場合は、次の練習では9km以下で、またキロ5分のスピードで痛い場合は、キロ6分と痛みの出ない無理のない範囲で実施しましょう。なかなか気持ちを抑えるのが大変かと思いますが、少し走るだけで痛みが出る場合はウォーキング、又はクロストレーニングにしていきましょう。

足（甲・裏）

足首

ひざ

もも

すね ふくらはぎ

股関節

下半身

お尻

腰 腹部

全身

その他

左足に痺れが出て不安です

Q ここ2～3週間ですが、足の指先に体重が乗った状態でかつ、ゆっくりと母趾球辺りに体重を乗せて踏み込むと、中指～薬指の付け根に、違和感と薬指辺りが痺れる様な症状が出ています。走っていると違和感はないのですが不安です。

星 敬さん（56歳）

2時間54分58秒
（別大2020）

A **中指と薬指の違和感・痺れは Morton 病の可能性が考えられます**

母趾球の内側と小趾球の外側を、同時に圧迫した際に違和感や痺れが出れば、Morton病が疑われます。足の指の間の神経が圧迫され変性を起こしたり、周囲の組織が硬くなることで生じます。確定診断には、MRIなどの画像検査が必要ですが、時に診断が難しい事があります。専門医の受診をオススメします。

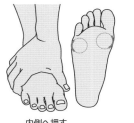

内側へ押す

足(甲・裏)

足首

ひざ

もも

すね ふくらはぎ

股関節

下半身

お尻

腰 腹部

全身

その他

足底腱膜炎でも走りたいんですが……

左足土踏まずの内側辺りが、時々ズキンとします。少し休めば普通に走れます。元々身体は丈夫です。我々ランナーはお医者さんに「走るな」と言われる事を、最も怖れています。一度しっかり診て頂くべきでしょうか。

上田陽子さん（52歳）
2時間54分32秒
（つくば2018）

「走るな」はNGワードとしています

私達もできるだけ「走るな」はNGワードとしています。足底腱膜炎の特徴のひとつは、走り始めに痛むことです。テーピングで足底のアーチをサポートして痛みが減るのであれば、足底腱膜に負担がかかっている可能性があります。悪化しないようテーピングや足首・足趾のストレッチをして、酷くなる前に一度診てもらってください。

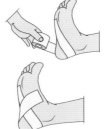

軽くひっぱる

骨折した左足中足骨のケアについて
教えてください

左足の中足骨を骨折して、2か月後から走れるようになり、リハビリやトレーニングをしています。フルのレースで良い結果を得るために、毎日家で出来るケア方法、トレーニング方法を教えてください。

栗山盛行さん（43歳）

2時間54分30秒
（別大2019）

ランジやコサックスクワットをして修正しましょう

中足骨は、アーチが下がる方向に、繰り返し負荷がかかると疲労骨折します。足をついたときに膝が内側に入っていないか、チェックしてみてください。仮に左膝が内側に入っていることが原因の場合は、左脚でのバランス練習が必要です。ランジやコサックスクワットをして修正しましょう。また足部アーチに関連する足底筋群や、関節の柔軟性を身につけましょう。

足（甲・裏）

足首

ひざ

もも

すね ふくらはぎ

股関節

下半身

お尻

腰 腹部

全身

その他

足（甲・裏）

足首

ひざ

もも

すね ふくらはぎ

股関節

下半身

お尻

腰 腹部

全身

その他

外反母趾の日常のケアについて知りたいです

左足の外反母趾の角度が大きく、横アーチが潰れてしまう事で、中足骨の疲労骨折を繰り返してしまいます。レースの時だけアーチが潰れないように、キツめにテーピングをしているのですが、普段からできる対策は何かありますか？

三枝祐佳さん（39歳）

2時間51分46秒
（大阪国際女子2020）

ふくらはぎの奥の部分を よくほぐしてみてください

外反母趾の角度が大きくなってくると、よくある足のグーパー運動は逆効果になることがあります。親指全体を曲げるときに使う、長母趾屈筋の腱と関節の位置関係で、外反母趾が進行する可能性があると言われます。長母趾屈筋はむしろ柔らかくしたいので、うちくるぶしの下あたりから、ふくらはぎの奥をよくほぐしてください。インソールも効果が期待できます。

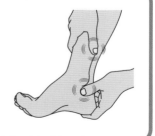

それぞれの症状を軽快憎悪で繰り返しています……

左後脛骨筋炎と拘縮、右踵腓靭帯炎、右アキレス腱滑膜包炎、左半月板痛を繰り返しています。漢方薬や抗炎症剤内服、湿布貼付で治療する他ストレッチ、ジョグなどで筋肉をほぐしていますが、原因は何でしょうか？

北村浩之さん（53歳）

2時間57分53秒
（つくば2015）

足のタコやウオノメ、皮膚の硬さを確認してみてください

左膝以外は、両方とも足首付近に怪我が多いのが気になりますね。左は後脛骨筋腱で内側、右は踵腓靭帯炎で外側がストレスを受けたことが推察されます。左の蹴りだしで勢いがつきすぎて、右の接地で外に流れているのかもしれません。足の裏や指先にタコや、ウオノメはありませんか？　皮膚が硬くなるのは、負荷が集中する場所を守るためです。フォーム修正のヒントになるはずです。

足（甲・裏）

足首

ひざ

もも

すね ふくらはぎ

股関節

下半身

お尻

腰 腹部

全身

その他

足底腱膜炎を引き起こしやすい走り方は なんでしょうか？

足底腱膜炎の原因は、自分のランニングフォームにあると考えています（月間走行距離は250キロ程度です）。足底腱膜炎になりやすい走り方、逆に足底腱膜炎になりにくい走り方をそれぞれ教えてください。

泰泉寺大興さん（54歳）

2時間558分44秒
（つくば2018）

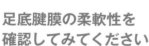

足底腱膜の柔軟性を 確認してみてください

走る時に、前のめりになりすぎると、靴の中で指に力が入りすぎてしまいます。指でブレーキをかけないためですが、力が入りすぎることで、足底腱膜炎が引っ張られてストレスを受けやすくなります。もともとアーチが高く、足底腱膜の柔軟性が低い場合は、フォームや練習量と関係なく足底腱膜炎になりやすいです。

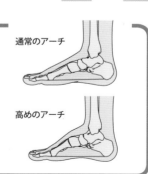

通常のアーチ

高めのアーチ

足（甲・裏）

足首

ひざ

もも

すね ふくらはぎ

股関節

下半身

お尻

腰 腹部

全身

その他

慢性的な足底腱膜炎の対処法、 これで合っていますか？

「母趾球の手前（踵寄りの方）部分を強めに押す」「アキレス腱周辺をもみほぐす」 の2つを日々入念に行い、筋肉をゆるめることで、足底筋にかかる緊張をほぐし ています。これらの対処法以外で良いものはありますか。

岸本朋弘さん（40歳）

2時間42分53秒 （大阪2019）

足の指のストレッチを試してみてください

足底腱膜は、足の指を反らせることで自然とハリが出 て、蹴りだしの際の反発力を生むメカニズムがありま す。足趾の関節が元から硬く、反らせる角度が少ない 方の場合、十分に足底腱膜の伸び縮みが利用できず、 負担がかかりやすいと考えられます。足の指の付け根 を反らせるストレッチを習慣にしてみましょう。

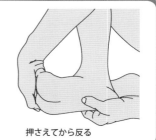

押さえてから反る

足（甲・裏）

足首

ひざ

もも

すね ふくらはぎ

股関節

下半身

お尻

腰 腹部

全身

その他

足裏にできてしまう水ぶくれの対処法を教えてください

Q レース後に、親指の付け根から土踏まず方向に、10円玉大の縦長の水ぶくれができてしまいます。レース後半は痛みを感じながらの走行になり、レース後は痛くて数日走れなくなります。何か対策あるでしょうか？

福田雅之さん（44歳）

2時間54分31秒
（京都2019）

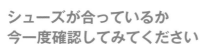

シューズが合っているか今一度確認してみてください

水ぶくれは軽いやけどの状態です。皮膚が繰り返し擦れ、隙間に体内の水分が入り込んで、水ぶくれになります。皮膚が柔らかくなると擦れやすいので、シューズの通気性が悪かったり、雨天のレースなどで水ぶくれになりやすいです。親指の付け根から、土踏まずという位置を考えると、インソールの内側が高すぎる、シューズの横幅が狭いなどの可能性が考えられます。

足（甲・裏）

足首

ひざ

もも

すね ふくらはぎ

股関節

下半身

お尻

腰 腹部

全身

その他

足裏の痛みを緩和する方法を教えてください

現在ランニング時に支障があるのは、右足裏の痛みです（指の付根の下のあたりで、時には小指や薬指等も痛む）。痛みは皮膚の表面の部分。走り終わってしばらくすると、痛みは消えます（短い距離であれば問題なし）。

寺田 修さん（54歳）

2時間44分28秒
（別大2020）

足の指を鍛えて予防する方法があります

指の付け根の下は、横アーチがある場所です。足の裏は縦アーチ（内側と外側）と横アーチ、合計3つのアーチで体重を分散させて支えています。内側の縦アーチが土踏まずとして最も有名ですが、横アーチも同様に重要です。横アーチを支える筋や、靭帯がゆるむと、足が横に広がり痛みを生じることがあります。足の指を外に開いたり、閉じたりして鍛えましょう。

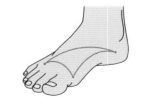

足（甲・裏）

足首

ひざ

もも

すね ふくらはぎ

股関節

下半身

お尻

腰 腹部

全身

その他

足裏のアーチが下がりがち。常に課題です……

基本的にウルトラロング、ウルトラトレイルを軸に出走していて、足裏のアーチが下がりがちです。足底から踵、アキレス腱にかけて痛みやすく、セルフでオイルマッサージなどしていますが、他の方法を知りたいです。

渡邊大介さん(37歳)

2時間44分04秒
（古河はなもも2019）

正座して足趾を握ってみてください

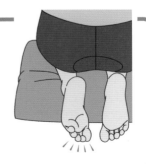

アーチ改善、および足底腱膜〜アキレス腱への負担軽減には、足の内在筋機能改善が効果的だと考えます。足首を寝かした状態で足趾をしっかりと握れますでしょうか？　できない場合や、握りが弱い場合は、アーチを保てず、体重が足趾まで乗らずに蹴り出しを行い、負担が生じている可能性があります。正座にて足趾を握る練習をおすすめします。

ゆっくりめの練習の時に踵（かかと）が痛みます

時々左の踵（かかと）が痛むことがあります。なぜかスピード練習よりもジョグやウォーキング時の方が痛いです。強い痛みはなく、気にせず走っているうちに治るのですが、気をつけるべきことはありますか？

吉田未歩さん（38歳）

2時間59分57秒
（大阪国際女子2018）

ピッチの速度を意識して練習してみましょう

スピード練習よりもゆったりペースになるにつれて、ピッチが少なくなっている可能性があります。ピッチが少なくなると接地時間が延長し、一歩の負担が増大します。また前方への重心移動も減るため、筋の温度が上がるまで、踵（かかと）へのストレスが生じていることも考えられます。ジョグやウォーキングの時、速いペースと同じピッチで練習することを意識してみるといいでしょう。

足（甲・裏）

足首

ひざ

もも

すね ふくらはぎ

股関節

下半身

お尻

腰 腹部

全身

その他

足の甲の腱炎を予防する方法を教えてください

大会の翌日になって、急に足の甲の痛みが強くなったことが何度かあり、いずれも腱の炎症と診断されています。走る直前まではむしろ好調で、予兆も感じないのですが、日常生活を送る中で、予防につながる術を教えてください。

宮原武也さん（44歳）

2時間28分40秒
（福岡国際2019）

ふくらはぎのストレッチを徹底してみましょう

足の甲が痛くなる場合は、足首をそらすのが苦手な方に多い傾向にあります。ふくらはぎ等が硬く、足首を反らせない場合、足趾を伸ばす筋肉で代償することがあります。その状態が繰り返し起きると炎症となって痛みを生じます。まずは足首の柔軟性改善のため、ふくらはぎのストレッチを徹底しましょう。そのうえで足趾を曲げる練習（タオルギャザー）をおすすめします。

気持ちよくのばす

足（甲・裏）

足首

ひざ

もも

すね ふくらはぎ

股関節

下半身

お尻

腰 腹部

全身

その他

左のアキレス腱炎が4か月間治らず悩んでいます

Q

左ハムストリングスの張りが解消しないことが、アキレス腱炎に影響しているようです（整骨院通院中）。身体は柔らかいですが体重は67kgと重め。クロカンコースで月間走行距離は200km前後です。

六反雅則さん（41歳）

2時間57分05秒
（勝田全国2020）

筋力低下や可動域の左右差が考えられます

A

ハムストリングス、アキレス腱ともに左側に障害が生じているとのことで、身体のバランスに注目した方がいいと考えます。ランナー障害の多くは使い過ぎによる受傷です。右下肢の荷重が安定せずに、左下肢を使い過ぎている可能性があります。筋力低下や、可動域の左右差をチェックしてみてください。

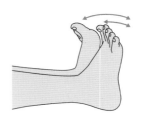

足（甲・裏）

足首

ひざ

もも

すね ふくらはぎ

股関節

下半身

お尻

腰 腹部

全身

その他

アキレス腱周りの対処法を教えてください

以前より足底腱膜炎に悩んでましたが、1年程前より右アキレスの周囲も痛むようになりました。特にスピード練習後に痛みます。ふくらはぎのマッサージで軽減されていますが、原因と治療方法を教えてください。

羽根田宏治さん（53歳）

2時間56分12秒
（勝田全国2018）

ハーフカットのストレッチポールを使って スクワットをしてみてください

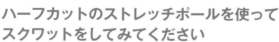

足底腱膜炎があったということで、以前から足首が硬かった可能性があります。アキレス腱の周囲には足首を内側・外側に返す筋肉、指を曲げる筋肉などが通っています。硬い足を動かすためにこれらの筋肉が過度に頑張っていたのかもしれません。ストレッチポールの上でスクワットをしてみましょう。足首に余計な力が入るとグラつくので、バランスをとるために膝・股関節が使えてきます。

足(甲・裏)

足首

ひざ

もも

すね ふくらはぎ

股関節

下半身

お尻

腰 腹部

全身

その他

後脛骨筋腱炎の予防法を教えてください

こうけいこつきんけんえん

朝起きると、右足の内くるぶしあたりに激痛が走ります。階段を降りるのもやっとです。1時間もすると痛みは収まりますが、走れなくなるのではないかと不安でいっぱいです。効果的な予防法を教えてください。

関 元さん（56歳）

2時間55分30秒
（大阪2019）

片脚でバランスをとるエクササイズがおすすめです

アーチがつぶれ、親指に荷重がかかりやすい状態だと痛みが生じます。後脛骨筋とセットで働く腓骨筋（すねの外側）を強化することも予防につながります。腓骨筋が使えてくると、軸が安定して後脛骨筋に頼らなくても支えてもらえます。片脚でバランスをとるエクササイズをしてみてください。インソールによる修正も効果的です。
ひこつきん

\ ピン！/

足 (甲・裏)

足首

ひざ

もも

すね ふくらはぎ

股関節

下半身

お尻

腰 腹部

全身

その他

左右の踵とアキレス腱の付着部を痛めています

痛みが出て7年以上。一時はシューズのヒールカップに踵が触れるだけで、激痛があったのですが、定期的な治療と厚底シューズの使用により、楽にはなりましたが、完治には至っておりません。どうすれば完治するでしょうか？

山根幸三さん (51歳)

2時間54分55秒
（姫路城2017）

アーチを保つ運動、股関節を鍛える運動をおすすめします

アキレス腱のテンションが高く、骨膜（骨の表面の膜）を刺激している可能性があります。前足部へ荷重していくことで、痛みは軽減しているようなので、テーピングでアキレス腱がゆるむようにするのもいいでしょう。また、足趾の筋力強化により足のアーチを保つ運動や、膝が内側に入らないよう、股関節を鍛える運動も有効です。

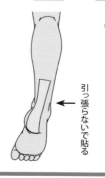

引っ張らないで貼る

足（甲・裏）

足首

ひざ

もも

すね ふくらはぎ

股関節

下半身

お尻

腰 腹部

全身

その他

足首へのテーピングは有効ですか？

Q X脚かつ足首がゆるいため、足首が内側に入りやすく負荷の高い練習・レースを積むと外脛骨に痛みが出ることがあります。普段からテーピングをして予防すべきでしょうか。それとも普段はせずに、ゆるい箇所を鍛えるべきでしょうか。

楠瀬祐子さん（40歳）

2時間49分42秒
（名古屋ウィメンズ2018）

A テーピング＆インソールを試してみてください

  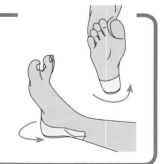

X脚もあるので、足首の靭帯が伸びている可能性もあります。そうすると足首のゆるさは筋を鍛えたとしても、ある程度残ってしまうかもしれません。高強度の練習をする時などは、積極的にテーピングでサポートしてあげるべきと考えます。インソールを使ってみるのもいいかもしれません。X脚は股関節や膝関節にも影響しますので、しっかりとケアしていきましょう。

足(甲・裏)
足首
ひざ
もも
すね ふくらはぎ
股関節
下半身
お尻
腰 腹部
全身
その他

アキレス腱と踵の付け根付近の両方が痛みます

今、まさに悩んでいるのが、アキレス腱と踵の付け根付近の痛みです。走っている時以外でも痛みを感じて、可動もイマイチです。両方を治す方法と、日頃気をつけなければならない事を、教えていただきたいです。

伊藤高雄さん（51歳）

2時間48分12秒
（東京2016）

日頃の姿勢に気を付けてお尻も鍛えましょう

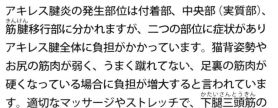

アキレス腱炎の発生部位は付着部、中央部（実質部）、筋腱移行部に分かれますが、二つの部位に症状がありアキレス腱全体に負担がかかっています。猫背姿勢やお尻の筋肉が弱く、うまく蹴れてない、足裏の筋肉が硬くなっている場合に負担が増大すると言われています。適切なマッサージやストレッチで、下腿三頭筋の柔軟性も高めるといいでしょう。

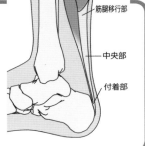

筋腱移行部

中央部

付着部

足（甲・裏）

足首

ひざ

もも

すね ふくらはぎ

股関節

下半身

お尻

腰 腹部

全身

その他

アキレス腱に不安。練習しないのも不安。どうしたら……

アキレス腱に痛みがある時は、身体を休めて安静にするというのが、一般的な答えですが、練習しないと走力が落ちてきてしまいます。どのようなことを意識して、走りながら怪我や痛みを治していくと良いのでしょうか？

木村洋史さん（38歳）

2時間38分51秒
（防府2014）

走り方を変えて様子を見ていきましょう

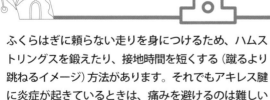

ふくらはぎに頼らない走りを身につけるため、ハムストリングスを鍛えたり、接地時間を短くする（蹴るより跳ねるイメージ）方法があります。それでもアキレス腱に炎症が起きているときは、痛みを避けるのは難しいので、テーピングで伸びすぎないようにサポートしましょう。接地位置を若干後方にするのも手ですが、本来のフォームが崩れない程度にしておきましょう。

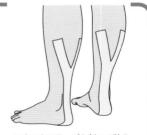

フタマタにテープを割いて貼る

足（甲・裏）

足首

ひざ

もも

すね ふくらはぎ

股関節

下半身

お尻

腰 腹部

全身

その他

硬い足関節。どう改善したらいいでしょうか

足首を捻挫してしまい、その後完治はしたのですが、足関節が硬くなってしまいました。どのような形で改善に取り組んでいけば良いでしょうか。また、予防方法、応急処置などありましたら教えてください。

小澤智宏さん（30歳）

2時間22分59秒
（福岡国際2019）

静的ストレッチとほぐしで改善していきましょう

まずは静的ストレッチ30秒を、朝昼晩と必ず行うようにしましょう。1週間も経てば、ある程度柔軟性の改善につながると考えます。またアキレス腱の内側や足首前面に、脂肪組織が豊富にあり、この組織が硬くなると動きが悪くなることが多々あります。お風呂など柔らかくなった瞬間を狙ってしっかりほぐしましょう。

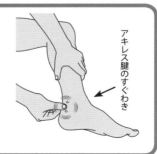

アキレス腱のすぐわき

足（甲・裏）

足首

ひざ

もも

すね ふくらはぎ

股関節

下半身

お尻

腰 腹部

全身

その他

寒い日に足首に一瞬、激痛が走り転びそうになります……

走り出して直ぐに、左右どちらかの足首に瞬間的に激痛が走り、踏ん張りが効かなくなります。一度痛みが抜けると走り終わるまで痛みません。痛みは瞬間的ですが、走行中に転倒しそうになるのでいつも心配しています。

西迫 駿さん（32歳）

2時間31分37秒
（京都2015）

痛みを甘く見ないで一度しっかり検査することをおすすめします

痛みが抜けると、その後は痛まないということなので、インピンジメント（骨の引っかかり、周囲の組織の挟み込み）が起きているかもしれません。インピンジメントであれば足関節前方・後方インピンジメント症候群があります。捻挫などの経験があり、足首が不安定な方はなりやすいと言われています。いずれにしても一度、レントゲンやMRIでの検査が必要かもしれません。

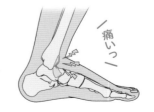

痛いっ

足（甲・裏）

足首

ひざ

もも

すね ふくらはぎ

股関節

下半身

お尻

腰 腹部

全身

その他

子どもの頃から "ゆるい" 左足に悩んでいます

左足部の靭帯などがゆるく、骨アライメントが崩れます。酷い場合はよく、立方骨症候群や足根洞症候群を引き起こし、その痛みが数か月に及ぶ事もあります。この数年その繰り返しです。予防改善策を教えてください。

小島成久さん(55歳)

2時間50分27秒
（別大2020）

一度インソールで調整してみることをおすすめします

生まれつき関節の可動域が大きく、関節自体がゆるい場合や捻挫等を繰り返すことにより、靭帯のゆるみが生じることが多々あります。この場合、筋力強化により安定を図るのには限界があると考えます。インソールにて正しい荷重位置へ誘導することを、おすすめします。テーピングでも可能ですが貼ったり、外したりと手間になりますのでインソールの方がいいでしょう。

足（甲・裏）

足首

ひざ

もも

すね ふくらはぎ

股関節

下半身

お尻

腰 腹部

全身

その他

靭帯（腱）の怪我を少しでも早く治す方法は ありますか

足首の周辺に走っている靭帯（腱）を痛めることがあります。 元々身体の線が細く、靭帯（腱）も弱いのだと思います。 早く治すためには動かさないのが一番なのでしょうか。予防法、強化法も教えていただきたいです。

吉岡康博さん（48歳）

2時間47分28秒
（別大2012）

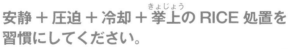
安静＋圧迫＋冷却＋挙上のRICE処置を
習慣にしてください。

怪我の直後はRICE処置が基本となります。早期に適切な処置をする事で、症状の悪化を防ぎ、早期復帰が可能になると考えます。急性炎症が落ち着いてきたら、補強トレーニングを始めましょう。怪我した靭帯によっても異なりますが、足関節周囲筋強化のためチューブを使用して内返し、外返し練習しましょう。足内在筋強化のためタオルギャザーもおすすめです。

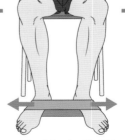

つま先に力を入れて引っ張る

足（甲・裏）

足首

ひざ

もも

すね ふくらはぎ

股関節

下半身

お尻

腰・腹部

全身

その他

足首の柔軟性を向上させ、
アキレス腱の痛みを和げたいです

速い（1キロ4分を切るような）ペース走などになると、アキレス腱が痛みます。アキレス腱炎との診断ですが、走り方や、足首の柔軟性の無さも、原因の1つかと思っています。足首の柔軟性の向上方法、足首の硬さをカバーするための補強部位を知りたいです。

谷口和久さん（44歳）

2時間51分03秒
（つくば2018）

片脚で立ちバランスを強化していきましょう

足首の後面にあるアキレス腱は踵の骨についています。足首の内側・外側の腱は足の裏に回って、足の骨についています。足首の動きを出すためには、これら足首内外側の腱の柔軟性を出す必要があるので、足の裏をテニスボールなどでよくほぐしてみて下さい。また、硬さを補うためにはバランス練習が良いと思います。片脚で立ち反対の脚を左右に伸ばして、バランスを強化しましょう。

足〔甲・裏〕

足首

ひざ

もも

すね・ふくらはぎ

股関節

下半身

お尻

腰・腹部

全身

その他

昔から足首周りが弱く 「足首がグラグラですね」 と言われます

その影響か、怪我は大半が足首周辺に発生。負荷の高い練習や、フルマラソンなどのロングレース後は、くるぶしの内側と外側に痛みが発生します。 痛みが出た後はアイシングで炎症を抑えています。予防法を教えてください。

木住野善男さん（44歳）

2時間46分42秒
（さいたま国際2019）

バランスを強化して足首を安定させていきましょう

くるぶし周りは足首をコントロールする腱が通っているので、足首のゆるさを補うために、ふくらはぎの筋が頑張り過ぎているのでしょう。余計な力を抜くためには、バランスを強化する必要があります。クッションなどの上で片脚立ちになったり、足前半分だけを段差の上にのせて、上がってみたりしてみてください。足首を安定させる良い練習になるはずです。

ゆらゆらをコントロール

足（甲・裏）

足首

ひざ

もも

すね ふくらはぎ

股関節

下半身

お尻

腰 腹部

全身

その他

アキレス腱を治しながら
走りのバランスを整えたいです

2013年に両足のアキレス腱を痛め休んで直す→練習→痛めるの繰り返し。左に傾いた走り方になり、更に怪我をしやすくなりました。アキレス腱の痛みを減らしながら走り方を矯正し、怪我をしにくい身体を作っていきたいです。

石川卓己さん（35歳）

2時間36分09秒
（別大2015）

骨盤の位置を意識して走ってみてください

立って、指先に体重を乗せたまま骨盤を前後に動かしてみましょう。前に動かすとふくらはぎが、後ろに動かすとももの後ろが張ってくるでしょう。走るときは指先に体重がのっていますが、骨盤が前に出るような姿勢（反り腰など）だと、ふくらはぎやアキレス腱に負荷がかかります。ももの後ろ（ハムストリングス）を鍛え、骨盤を若干後ろに引いたイメージで、走るのを試してみましょう。

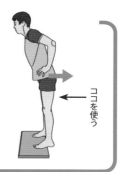

ココを使う

足（甲・裏）
足首
ひざ
もも
すね ふくらはぎ
股関節
下半身
お尻
腰 腹部
全身
その他

ランニングコーチです。自分＆教え子の悩みです

アキレス腱炎に有効な治療法、リハビリ方法を教えてください。 又、急がば回れと言われそうですが、リハビリの過程において、少しでも早く復帰を目指すにはどのようなケアをしたらよいでしょうか。

原 浩一郎さん(41歳)

2時間23分34秒
（東京2017）

足を前でさばくシザースを
取り入れてみてください

＼テンポよく／

つま先に体重が偏った時に、アキレス腱が伸ばされると炎症を起こしやすくなります。特にスピードに乗ってきた時に、ふくらはぎ以外の筋も、効率良く使うことが重要です。シザースで足の切り替えをテンポよくできるようにしましょう。シザースでは足の中央付近で接地して腸腰筋を使い、股関節から振り出す形になるのでアキレス腱の負荷軽減につながります。

足（甲・裏）

足首

ひざ

もも

すね・ふくらはぎ

股関節

下半身

お尻

腰・腹部

全身

その他

半月板を損傷するランナーは結構多いですか？

サブスリーの方など、半月板を損傷したランナーが周りに何人かいます。私自身も最近足を踏み出す角度を内・外で調整するようになり、膝蓋骨周辺に、これまでにない違和感を感じるようになりました。予防法を教えてください。

中村卓哉さん（52歳）

2時間58分42秒
（静岡2016）

違和感だけでも MRI で確認すると
半月板を痛めているランナーは多いです

以前に膝や足首の靭帯を痛めたことがある方は、着地した時の膝のブレが大きくなり、半月板に負荷がかかりやすくなります。足の踏み出す角度についても、同様のことが起きるので、足先で角度を調整しようとせず「股関節から」というイメージを持ちましょう。膝に負担をかけずにフォームを変えられます。

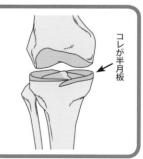

コレが半月板

足（甲・裏）

足首

ひざ

もも

すね ふくらはぎ

股関節

下半身

お尻

腰 腹部

全身

その他

常に膝を気にしていて予防をしていますが……

膝が痛くなる時があり、ストレッチ→ステップドリル3種類、懸垂、ランジウォーク、スクワットをやって走り出します。このくらい予防をしていても、膝が痛くなったらどうしたらいいでしょうか。

豊島章典さん（48歳）

2時間54分05秒
（勝田全国2020）

練習量、練習内容、シューズの確認も随時必要と考えます

エクササイズ、ケアが十分にできていても、怪我をする場合は、違う要因にも目を向けてみましょう。練習内容（練習量は多すぎないか？ 強度は強すぎないか？）、環境面（靴は摩耗しすぎていないか？ 練習コースの傾斜が強すぎないか？）、フォームの身体は傾いていないか？ 膝は内側に入っていないか？ 等も怪我の要因になるので、注意してみるといいでしょう。

足（甲・裏）

足首

ひざ

もも

すね　ふくらはぎ

股関節

下半身

お尻

腰　腹部

全身

その他

膝の可動域を落とさないための
対策方法はありますか？

左膝前十字靭帯を損傷していることもあり、走っていると徐々にふくらはぎの上部等に張りが出てきて、膝の可動域が落ちてきます＊。膝の可動域を落とさないようにするための、トレーニングやケア方法を教えてください。

（＊補足：踵をお尻に近づける動きに支障あり）

保坂行輝さん（39歳）

2時間57分03秒
（東京2019）

ほぐしたり伸ばしたりのケアが有効です

膝前十字靭帯は、脛骨を後方に引き付けておく作用があり、損傷していると、ハムストリングスがその代わりに働いて、硬くなることがあります。もも裏のハムストリングスとふくらはぎの腓腹筋は、膝後面で交差するように走っているので張りが生じ、可動域制限につながるのかもしれません。膝裏をテニスボールでほぐしたり、タオルで爪先から全体的に伸ばして、日頃からケアしてください。

全体的に伸ばす

足（甲・裏）

足首

ひざ

もも

すね ふくらはぎ

股関節

下半身

お尻

腰 腹部

全身

その他

着地の位置を変えたら膝が痛むようになりました

重心の真下に着地して前傾姿勢になるようなフォームに変えたら、膝が痛むようになりました。激しく痛むわけではなく、違和感のある痛みです。このフォームに慣れたら、膝の痛みも和らぐのでしょうか。

粉川幸司さん（50歳）

2時間58分34秒
（別大2020）

自分の身体とよく相談して
走り続けるようにしましょう

おそらくフォーム修正に対して、自身の身体が追いついていない状態かと思われます。痛みが持続する場合は、フォームに耐えうる下肢・体幹の筋力をつけるか、接地位置の修正を中止した方が良いかもしれません。接地は骨盤や上半身の位置関係で決まってくるので、接地だけ意識して変えるフォーム修正は、何処かに負担が集中するリスクがあります。

まっすぐ

足（甲・裏）

足首

ひざ

もも

すね ふくらはぎ

股関節

下半身

お尻

腰 腹部

全身

その他

タナ障害と言われ半年休んだら 治ったのですが……

Q

10年前、右の膝蓋骨から大腿部にかけての痛みが発症。走ると力が抜ける感覚で走るのがストレスになりました。整形外科のレントゲン撮影では異常なし。整骨院の先生から言われた、タナ障害について教えてください。

体重
80kg

坂本雄太さん（32歳）

2時間55分39秒
（富士山2015）

A

タナ障害は膝関節の中の滑膜ひだで 痛みや可動域の制限を生じるものです

滑膜ひだというのは、膝関節を覆う膜の一部です。元々は正常な位置にありますが、スポーツなどをきっかけに、分厚くなったり炎症を起こしたりします。レントゲンだけでは滑膜ひだの変化が分かりにくいので、はっきりさせるために、一度MRIで検査することを、おすすめします。

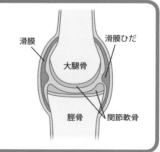

滑膜　　　　　滑膜ひだ

大腿骨

脛骨　　関節軟骨

しつがいじんたいえん 膝蓋靱帯炎の根本的な解決策はありませんか？

Q 膝蓋靱帯炎で、走れるレベルの痛みですが、長年悩んでいます。 フォームを意識しても1、2か月休んでも治らないです。 だましだまし痛みと付き合うしかないのでしょうか？　何か根本的な解決策がないでしょうか？

萬代欣祐さん（50歳）

2時間53分48秒
（古河はなもも2018）

A 毎日の丁寧なマッサージをおすすめします

膝蓋靱帯炎の病態としては初期に炎症が生じ、慢性期になると組織の変性が生じます。長年の悩みとのことで、この組織の変性が考えられます。特に膝のお皿の下には脂肪組織があり、変性により痛みを生じることが多々あります。丁寧なマッサージをおすすめします。また近年では体外衝撃波治療の有用性が報告されています。一度試してみるのもいいでしょう。

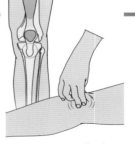

お皿もいっしょに動かす

足(甲・裏)

足首

ひざ

もも

すね ふくらはぎ

股関節

下半身

お尻

腰 腹部

全身

その他

私の膝のケア方法、合っていますでしょうか？

走り込むと、右膝が痛くなります。走る前は湿布薬を使用し、ストレッチで体重を膝に乗せて膝回しを行っています。練習後はアイシングして、湿布薬をします。今後も走力をつけたいので、今の対応でよいのか教えてください。

松本和彦さん（49歳）

2時間53分36秒
（東京マラソン2015）

走る前のアップとしては
アクティブストレッチが効果的です

膝以外のところをよく動かして、右膝の負担を減らすことを考えます。膝回しより股関節を片方ずつ大きく開いたり、足を前に上げて、ももの裏を伸ばすようにしてみてください。走ったあとは、ゆっくり伸ばす静的ストレッチで、左右のどこが硬くなっているか確認してみてください。

円を描くように回す

足（甲・裏）

足首

ひざ

もも

すね ふくらはぎ

股関節

下半身

お尻

腰 腹部

全身

その他

約1年前からジャンパー膝の痛みが出てしまいました

ジャンパー膝の結果、半年ほど走れなくなりました。復帰後徐々に回復し、その後のハーフではPBが出せるまでになりました。しかし、膝から脛まで常にダメージがある状態が続いています。予防法があればアドバイスお願いします。

古田達也さん（48歳）

2時間42分46秒
（別大2020）

前傾姿勢でのスクワットがおすすめです

ハーフではPBを出せているので、30km以降など長距離になったときにフォームが崩れているのかもしれません。ジャンパー膝は、大腿四頭筋の使いすぎで、お皿が引っ張られることで生じます。重心が後方にあると痛めやすいです。前方に傾斜した床面でのスクワットは、効果が検証され、よく行われています。踵でタオルなどを踏んだ状態で、スクワットを実施してみてください。

足(甲・裏)

足首

ひざ

もも

すね ふくらはぎ

股関節

下半身

お尻

腰 腹部

全身

その他

膝蓋骨粉砕骨折を経験した後の対処法、これでよいのでしょうか

「痛みがある時はムリをしない」「痛みがひどくならない程度に動かす」を意識してスロージョギングや、クロストレーニング（スイム、固定式ローラー台のバイクなど）で身体を動かし、治癒力を引き出すようにしています。

岡本隆史さん（44歳）

2時間40分54秒
（別大2018）

大腿四頭筋とハムストリングスを鍛えていきましょう

粉砕骨折後、大腿四頭筋に頼るフォームは、パフォーマンスを上げるためにもおすすめできません。左右差がなくなる程度までしっかりと大腿四頭筋は鍛えましょう。ハムストリングスを使うフォーム（やや体幹前傾を強めに、後ろに蹴りだすイメージ））を意識して練習してみてください。

NG

上体を後方に残さない

半月板が損傷したまま（温存治療）走り続けても大丈夫でしょうか

Q 10年前と4年前に片方ずつ半月板を損傷。筋トレ等で補い、ベストも更新できたのですが、瞬発的な動きがしづらいです。今は酷くないのですが、今後長く走り続けるには、早いうちに手術等した方が良いのでしょうか。

飯島勝起さん（43歳）

2時間39分19秒
（別大2016）

A そのままにしておかずに診断を受けてください

半月板は、膝にかかる負荷を分散したり、衝撃を吸収する重要な役割があり、十分なケアが必要です。悪化させないために、定期的にMRIで状態を確認し、リハビリのアドバイスを受けるといいでしょう。現在は手術以外にも、血小板の自己治癒力を活かした治療法、PRP注射（抗炎症効果や組織の再生効果が期待）等の方法もあり、身体へのダメージが少ない治療が可能です。

足（甲・裏）

足首

ひざ

もも

すね ふくらはぎ

股関節

下半身

お尻

腰 腹部

全身

その他

足（甲・裏）

足首

ひざ

もも

すね ふくらはぎ

股関節

下半身

お尻

腰 腹部

全身

その他

冬の時期にタイツを履くと膝が痛くなる気がします

寒い時期に走る際に、防寒対策で長タイツを履いています。このタイツを履かない時よりも、履いた時のほうが膝が痛くなりやすい気がします。サイズは合っていると思いますが、何か関係があるのか否か、教えてください。

窪村良二さん（49歳）

2時間49分42秒
（別大2018）

ふくらはぎだけのゲイターを試してみてください

高機能のランニングタイツは、テーピングと同様の効果を期待して、特別な縫い方をしていることがあります。万人に有効なテーピング方法がないのと同じで、その人に合わない方向に皮膚を誘導すると、フォームの崩れにつながります。基礎があり、フォームが定まっている方はゲイターを試してみるといいでしょう。

階段を下りる際に膝下にやや痛みを感じます

激痛というほどではないのですが、階段を下りる際に、左膝のお皿の下あたりに
違和感があります。走り始めは痛みがあるもののしばらくすると感じなくなり、
走り終わると痛みが復活します。緩和する方法はありますか。

小坂拓也さん(51歳)

2時間46分02秒
（別大2020）

ハムストリングスが使える身体に
していきましょう

お皿の下の膝蓋腱は伸ばされると痛みます。階段を下りるとき
はももの前の大腿四頭筋が働き、お皿を上に引っ張るので痛む
ことがあります。ももの後ろにあるハムストリングスを使うと大
腿四頭筋の負担は減ります。ランの前後に痛みが出るのは、ス
ピードに乗っていないからハムストリングスがゆるんで大腿四頭
筋ばかり使ってしまうのかもしれません。大腿四頭筋のストレッ
チを行い、ハムストリングスが自然と使える環境を整えましょう。

足(甲・裏)

足首

ひざ

もも

すね ふくらはぎ

股関節

下半身

お尻

腰 腹部

全身

その他

左脚腸脛靭帯炎を発症して ストレッチをしているのですが……

ちょうけいじんたいえん

走り始めは、股関節周りを重点に動的な動きを心がけ、走った後はつま先から腰までの関節や腸腰筋をゆっくり伸ばすようにしています。時折違和感を感じますが、悪化する気配はなし。他に対処法はあるか知りたいです。

山中哲二さん（50歳）

2時間57分58秒
（別大2018）

ゆっくり脚を開く動きで股関節を安定させましょう

膝の外側にある腸脛靭帯は、骨との摩擦や繰り返し伸ばされるストレスで炎症を起こし、接地時に骨盤が外側に流れる量が多すぎると、負荷が大きくかかります。ストレッチ+股関節外側の筋を強化して、骨盤からの流れを防ぎましょう。股関節外旋筋群は、股関節を安定させる働きがあり、ゆっくり脚を開く動きで鍛えられます。

↑
\ 骨盤止めて！ /

↓
脚を開く

足（甲・裏）

足首

ひざ

もも

すね ふくらはぎ

股関節

下半身

お尻

腰 腹部

全身

その他

ハムストリングスの痺れの予防法について教えてください

いつもというわけではないのですが、スピードを上げる走りをすると、右脚のハムストリングスの痺れが出てきて張ってしまいます。考えられるストレッチをしていますが、その他の予防法を知りたいです。

須藤弘一さん（50歳）

2時間58分46秒
（古河はなもも2019）

前傾に注意して大殿筋を鍛えてみてください

ハムストリングスの役割は股関節を伸ばし、膝を曲げることなので、どうしてもスピードを上げると負担は大きくなります。上半身の前傾をやや弱めることや、ハムストリングスのすぐ上にある大殿筋（同じく股関節を伸ばす役割）を鍛えること等が、対策になります。またアップでつま先をタッチする、動的ストレッチを入れてみることもおすすめします。

3年ほど前から、右の前ももの外側に痺れを感じています

痺れ以外の故障は、すべて左膝や足裏に出ます。1年前からは左足の裏が痛く、自身の考えでは縦アーチが下がっていると思っていましたが、足底腱膜炎のようです。ずっとモヤモヤして強度の高い練習ができません。

中戸雅範さん（47歳）

2時間57分51秒
（別大2015）

股関節前面にある腸腰筋のストレッチをおすすめします

右もも外側の痺れについては、外側大腿皮神経の圧迫が考えられます。外側大腿皮神経は腰の神経から分かれて、骨盤周囲を通過して、太ももに伸びています。骨盤や鼠径部で圧迫され痺れを生じることがあります。股関節前面の筋肉（腸腰筋）のストレッチを行い、柔軟性を改善させることが有効です。

つけ根をのばす

足底腱膜炎から腸脛靭帯炎を発症してしまいました

少しでも違和感が出たら休息し、アップとダウンジョグは入念に。練習後は水の
シャワーで脚を冷やし、1日2万歩くらい歩くという対処法を行い、無事に練習
できるようになりました。他に対処法があれば教えてください。

白須賀浩一さん(54歳)

2時間58分18秒
(東京2019)

ももの内側の筋トレが再発予防になります

腸脛靭帯は、もも〜膝の外側の筋で過剰に支えること
で過負荷となります。ももの内側を鍛えるといいでしょ
う。ももの内側は、サイドランジで部位を意識して行
います。脚を横に大きく広げてから元に戻す時に、足
を浮かせたままにして、再び横に広げるようにすると、
体幹インナーと内転筋群も同時に鍛えられます。

ココを意識！

 besh

坐骨あたりの痛みと
ハムストリングスの張りに悩んでいます

30km走やフルマラソンの終盤で、坐骨あたりに鈍い痛みが発生。ハムストリングスがピキピキ張って、ラストが上げられません。休んでも、鍼治療、筋トレ補強しても治らないため我慢して走っています。どうしたらいいですか。

川西美穂さん(42歳)

2時間56分14秒
(東京2019)

脚をおろす位置を今一度確認して
ストレッチを入念にしてみましょう

終盤に上半身が前に倒れてくると、ハムストリングスがいくら強くても張りは出てきます。適度な前傾を保つ(くの字に折れ曲がらない)よう、ピキっと感じたら上半身を少しだけ起こし、足は骨盤の真下におろすようにしてみてください。また、股関節前面の硬さも、上半身が前に倒れる要因になります。ハムストリングスだけでなく、股関節前面もストレッチは入念に行ってください。

ハムストリングスをほぐす

第1章　現役サブスリーランナー100人のQ&A＋5人の快走セルフメンテナンス

足（甲・裏）

足首

ひざ

もも

すね ふくらはぎ

股関節

下半身

お尻

腰 腹部

全身

その他

ハムストリングスのコリの予防について教えてください

練習中やレース中に、急にハムストリングスが攣るような症状が出て、ガチガチに固まって走れなくなることがあり、練習不足、再発を繰り返しています。予防のための取り組み（部位・方法）を、教えていただきたいです。

村田智太郎さん（54歳）

2時間54分43秒
（別大2018）

腰のストレッチをして座位のバランスを意識してみてください

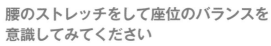

骨盤が後方に引けてくると、ハムストリングスは引っ張られて、コリやすくなります。骨盤が後方に引けるフォームは腹筋の弱さなどがよく言われますが、腰の筋肉が強く、硬い時もこのフォームになりやすいです。姿勢が反り腰だったり、普段から重い荷物を持つ作業が多い方等は、当てはまる場合があります。腰のストレッチや座位バランスの練習を試してみましょう。

腰に力が入らないように！

足（甲・裏）

足首

ひざ

もも

すね ふくらはぎ

股関節

下半身

お尻

腰 腹部

全身

その他

腸脛靭帯炎を治すためのストレッチを
もう少し知りたいです

Q 両脚の腸脛靭帯炎を患ってしまいました。お世話になっている理学療法士の先生から、脚とお尻のストレッチを教わり、朝晩練習前後に実践しています。脚とお尻のストレッチ以外にも、効果的なものがあれば教えてください。

坂東 篤さん（47歳）

2時間41分59秒
（別大2020）

自然な捻りを生む体幹の
ストレッチがおすすめです

横の動き（肩の横揺れ、骨盤の外側へのブレ）を縦の動き（前方への推進力）に変換できれば、負担は減ります。体幹のストレッチで、上半身の自然な捻りが出てくると、前方への推進力が生まれ、腸脛靭帯の負担軽減につながります。プロペラのように腕を広げて、骨盤から左右にねじりましょう。

A

上半身を大きくひねる

レース中の攣り症状をなんとかしたいです

Q フルマラソンのレース中に、両脚のふくらはぎに攣り症状が頻発します。サブスリーペースより速い時は、ハーフ手前で攣りだします。一概には言えないと思いますが、この原因と対策について、アドバイスいただけないでしょうか。

横溝輝人さん（46歳）
2時間59分50秒
（つくば2018）

ふくらはぎ以外の体幹、両脚の筋力を鍛えるといいでしょう

長時間の運動により、骨格筋での酸素やエネルギーの消費が増え、エネルギー産生の際に生じる物質を代謝しきれなくなります。この状態が筋疲労です。これらの代謝産物の一部（アセチルコリンなど）が、神経に作用し誤作動を引き起こします。誤作動によって過剰に電気刺激が筋に送られ、筋肉が痙攣します。疲労するのは負担が集中しているからと考えると、ふくらはぎ以外の体幹や、両脚の筋力を鍛える必要があります。

足（甲・裏）

足首

ひざ

もも

すね ふくらはぎ

股関節

下半身

お尻

腰 腹部

全身

その他

右足のふくらはぎ下部のケアを知りたいです

ランニング中に違和感を覚え、痛み出すこともあります（昨年春に軽い肉離れ）。走るスピードに関係なく症状が出ます。今はスポーツマッサージでふくらはぎ、ハムストリングス、足首、足底、踵をケアして貰っています。

辰巳正幸さん（48歳）

2時間54分51秒
（別大2020）

足首、膝裏の柔軟性を確認してみましょう

ふくらはぎ下部だとシンスプリントや疲労骨折のリスクがあります。いずれも足首の硬さや足の指を曲げる筋肉の硬さで負担が集中します。肉離れで多少なりとも筋から出血していると考えられるので、足首や膝裏の柔軟性が低下しているかどうか確認しましょう。また、足裏の小さな筋を鍛えるショートフット（足を着いて指を曲げずに母趾球あたりを浮かせる）などはふくらはぎの負担軽減につながります。

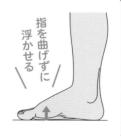

指を曲げずに浮かせる

足（甲・裏）

足首

ひざ

もも

すね ふくらはぎ

股関節

下半身

お尻

腰 腹部

全身

その他

肉離れ再発を防ぎながら
パフォーマンスを上げるには？

筋肉の形が変わるほどの、ふくらはぎの肉離れにより、約3か月間走れませんでした。再発がとても心配ですが、パフォーマンスはもっと上げていきたいです。今後のトレーニングやレースに向けてのアドバイスを、お願いします。

岡 利治さん（51歳）

2時間59分00秒
（静岡2015）

ハムストリングスとアキレス腱を
メンテナンスしましょう

ふくらはぎの筋肉の上にはハムストリングス、下にはアキレス腱が付いています。この上下の組織に注目しましょう。ふくらはぎの肉離れは①筋が収縮して、②踵（かかと）が落ちる方向に力が加わる、という瞬間に生じます。①に対しては、ふくらはぎの代わりにハムストリングスを鍛え、②はアキレス腱を柔らかくしておくと、筋肉の過緊張が起こりにくく、予防につながります。

上下に引っ張られて痛めます

足(甲・裏)

足首

ひざ

もも

すね
ふくらはぎ

股関節

下半身

お尻

腰 腹部

全身

その他

ポイント練習後、
必ず起こるふくらはぎの張りに困っています

インターバルなどのスピード系トレーニングをすると、必ず、左脚の腓腹筋に強い張りが起こります。肉離れ等が起きないよう、練習後のケアは欠かしていませんが、セルフマッサージですら痛みが耐えられない時もあり困っています。

古山 誠さん(56歳)

2時間57分54秒
(つくば2015)

アイシングを習慣づけること、
高圧酸素治療もおすすめです

ふくらはぎの張りが続くと、慢性コンパートメント症候群につながるリスクがあります。繰り返し筋肉を使うと、筋細胞が微細損傷・炎症を生じ筋が膨張することで、筋膜で区切られたコンパートメント内の圧力が、増加します。痛みは通常8〜12分程度持続し、30分程度の安静で回復します。アイシングを習慣づけて、高圧酸素療法を試すこともおすすめします。

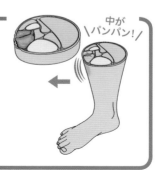

中が
パンパン!

足（甲・裏）

足首

ひざ

もも

すね ふくらはぎ

股関節

下半身

お尻

腰 腹部

全身

その他

股関節の痛みから解放されたいです

Q 右のすねが硬くなりやすく、足首の可動域低下 から足底やハムストリングス、股関節の痛みにつながっているようです。効果的な予防方法や、セルフマッサージ方法等を、アドバイスいただけると大変助かります。

森田周一さん（48歳）

2時間54分09秒
（勝田全国2019）

一度、足首を柔らかくすることに集中してみましょう

足首の硬さが原因であれば、そこを柔らかくできれば、根本的な解決が期待できます。足首の硬さに対しては、膝を曲げながら歩くknee bent walkなどがよく行われます。また、くるぶしの真下でストレッチポールにのってスクワットすると、すねなど足首周りの筋を使わずにバランスをとるので、可動域が広くなりやすいです。

足首をやわらかく使って歩く

足（甲・裏）

足首

ひざ

もも

すね ふくらはぎ

股関節

下半身

お尻

腰 腹部

全身

その他

こむら返りが原因の
レース終盤減速に、悩んでいます

フルマラソンでは、ほぼ毎レース、終盤に右下腿がこむら返りを起こし、減速を余儀なくされてしまいます。フィニッシュまで同じペースで走りたいです。こむら返りを起こさなくするためには、どうしたらよいでしょうか。

北原 拓也さん(46歳)

2時間50分31秒
（湘南国際2019）

自分のフォームに変化がないか
確認してみましょう

毎回右ふくらはぎにこむら返りが起こるのであれば、そこに負荷が集中した結果だと思います。終盤にフォームが微妙に変わり、こむら返りにつながっているのかもしれません。フォームが崩れてくると、特定の筋に負担をかけるので、たとえその筋が強くても負けてしまいます。気づかないフォームの変化がないか意識して、練習中の動画を撮って、チェックしてみるといいでしょう。

足（甲・裏）

足首

ひざ

もも

すね ふくらはぎ

股関節

下半身

お尻

腰 腹部

全身

その他

走った後のすね周りの疲労と痛みを何とかしたいです

きつめのポイント練習やレースの後に、すね周りの筋肉に疲労と硬さ、痛みが出て、その状態のまま走ると脚の動きにキレが無くなります。痛みに対するケアの方法や、故障を予防するための補強運動を教えてください。

清水悠太さん（31歳）

2時間49分01秒
（古河はなもも2018）

アーチを保たせアイシングも忘れないようにしましょう

シンスプリントや疲労骨折が疑われます。足底にある小さな筋肉の筋力低下や、筋疲労によってアーチが低下し、足をついた時に膝が内側に入りすねに痛みを生じます。ハムストリングスの硬さが原因になることも。アーチを保つ足趾の運動を行い、すね周りは日頃から押して痛みが出ないか確認し、練習・レース後のアイシングも徹底しましょう。

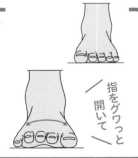

指をグワっと開いて

足(甲・裏)

足首

ひざ

もも

すね ふくらはぎ

股関節

下半身

お尻

腰 腹部

全身

その他

序盤でふくらはぎを使いすぎて 脚が動かなくなりました

レース中に、特に右のふくらはぎが張る癖があります。先だってのレースでは序盤でふくらはぎをかなり使ったせいか、終盤はまったく脚が動かせませんでした。ふくらはぎのケアについて、毎日自分でできることを教えてください。

妹尾創太さん（26歳）

2時間45分45秒
（別大2020）

血流を促すことを忘れないようにしましょう

ふくらはぎはヒラメ筋と腓腹筋（内外側）の3つの大きな筋があり、まとめて下腿三頭筋とも呼びます。腓腹筋の内側は、長距離走で最もよく使う筋で、その分、疲労しやすく攣りやすいといえます。普段のケアとしては、疲労物質を流し切ることが大切です。冷たいシャワーと温かいお湯を交互にかけたり、ふくらはぎを圧迫したまま、つま先を上下に動かしたりすると、血流が促され疲労物質が残りにくくなります。

押しながら
足首クイクイ

股関節に激痛。効果的なストレッチはありますか？

マラソンを始めた6年前、股関節に激痛が走り、運動後のストレッチの大切さを学びました。太ももが張りやすい癖もあります。最近は無事ですが、再発防止になる運動前後のストレッチを教えてください。

松本美緒さん（45歳）

2時間59分53秒
（大阪国際女子2019）

股関節をグルグルと全方向に動かしていきましょう

まずは股関節の可動域に、左右差および、制限がある方向がないかチェックしましょう。制限があると感じた場合は、練習前の動的ストレッチがおすすめです。股関節は球関節構造を成しており、自由度の高い関節と言えます。全方向へ動かすといいでしょう。また可動域維持改善のため、練習後には、制限のある筋肉に対し、静的ストレッチ（30秒以上）を徹底すると効果的です。

足（甲・裏）

足首

ひざ

もも

すね ふくらはぎ

股関節

下半身

お尻

腰 腹部

全身

その他

右股関節の痛みが治りきりません

Q レースやスピード練習の後に、右股関節に痛みが出る癖があります。治ったとしても、左腰から右股関節、左膝の順番で痛みがぶり返します（1年ぐらいのスパン）。身体のバランスが悪いのでしょうか。

上田毅誉志さん(51歳)

2時間59分35秒
（東京2019）

ハムストリングス、背筋の筋を鍛えていきましょう

A

周期的に痛みが出るのが気になりますね。おそらくお互いをかばいあって疲労が蓄積してくると、痛みが出るのでしょう。レースやスピード練では軽めのジョグよりもストライドが広がり、体幹の前傾が強まるので、ハムストリングスや背筋をより多く使うようになります。片脚のブリッジなどでこれらの筋を鍛えてみてください。

＼体幹も安定する／

足(甲・裏)

足首

ひざ

もも

すね ふくらはぎ

股関節

下半身

お尻

腰 腹部

全身

その他

股関節の故障で悩んでいます

Q
両脚の長さの違いや、身体のバランス差が原因と思われるところから、股関節を故障することがあります。身体のバランスが整う走り方や、日頃のトレーニング・ストレッチなどで改善する方法はありますか？

塚田健太郎さん(39歳)

2時間56分52秒
（つくば2019）

A

骨盤を動かす＋跳躍動作で
練習してみてください

股関節は可動範囲の広い関節なので、①どれだけ動くか、②しっかり止められるか、の両方が大切です。①については、骨盤を前後左右に動かして差を確認して、動かしづらい方を柔らかくしていきます。②については、横に跳んで着地の瞬間に、体がピタッと止まるかをみて、止められない方を繰り返し練習します。こうして①と②の両方で、左右差がなくなればバランスが改善するはずです。

どっちがブレる？

足（甲・裏）

足首

ひざ

もも

すね ふくらはぎ

股関節

下半身

お尻

腰 腹部

全身

その他

左の股関節痛がぶり返してしまいます

強度の高い練習等で、左足の付け根に痛みが出ます。矯正と体幹補強に取り組んで、若干良くなった気はしますが、練習を再開すると痛みがぶり返します。長期的にフォーム修正に取り組んだ方が良いでしょうか？

小内則男さん（43歳）

2時間58分10秒
（大田原2017）

体幹の強化＋フォームの修正が必要だと考えます

恥骨結合炎や恥骨疲労骨折、そして鼠径周囲部痛症候群（グロインペイン症候群）の可能性が考えられます。多くはオーバーユースが原因ですが、股関節内転筋の硬さや、股関節外転筋の筋力低下が原因になることが多くあります。いずれにせよ、股関節周囲筋や体幹のストレッチが重要になります。壁を押しながら股関節の動きを意識して、動かしてみましょう。

背中はまっすぐ！

足（甲・裏）

足首

ひざ

もも

すね ふくらはぎ

股関節

下半身

お尻

腰 腹部

全身

その他

左股関節のグロインペインを
3度繰り返し悩んでいます

湯船で温まり、入浴後の電動マッサージロールとストレッチは欠かしません。痛み、故障の前兆である "膝の骨が顕著に鳴る" 前に防げていますが、他にもケア方法があれば教えて下さい。

中島勅人さん (44歳)

2時間55分58秒
（Tunnel Vision Marathon 2019）

スリスリとお尻歩きをして骨盤を起こしましょう

グロインペインの経験があり、膝が鳴るのであれば、ももの前の大腿直筋が硬く、緊張してお皿を引っ張っているからかもしれません。大腿直筋は骨盤についていて、骨盤を前に起こすことでゆるみます。ストレッチは十分できているようなので、お尻歩きをして骨盤を起こす練習をしてみるといいでしょう。体幹を効率よく動かす効果もあります。

足(甲・裏)

足首

ひざ

もも

すね ふくらはぎ

股関節

下半身

お尻

腰 腹部

全身

その他

股関節周りに痛みが出ないケアを教えてください

トレイルランの大会にも多く出ており、普段の練習はロードの坂道や、山の上り下りが中心です。腸腰筋の筋トレや、股関節周りのストレッチもしていますが、脚を引き上げる際に、痛みが出て思うように走れないことがあります。

町田知宏さん(30歳)

2時間40分19秒
(北九州2016)

腸腰筋のストレッチ、ケアは十分でしょうか?

筋や腱の痛みは使いすぎ(オーバーユース)で生じることが多いです。坂道や変形地で疲労した筋肉をさらに鍛えてしまうと、筋疲労が生じる可能性があります。筋肉のバランスを考えて、疲労している腸腰筋はケアし、拮抗筋である殿筋を強化してみるといいでしょう。

腸腰筋の反対側を、あえて鍛える

右股関節に違和感を感じずに走りたいです

長い距離を走ると、徐々に右股関節周りの動きが悪くなり、走りづらさを感じる時があります。走っていて左右のバランスが悪いと感じることがありますが、それが原因でしょうか、それとも筋力不足等から生じるものでしょうか？

小池孝範さん（39歳）

2時間39分07秒
（別大2017）

総合的な足の能力として
バランスを見てみてください

まず片脚立ちになって、反対の手でつま先をタッチしてください。それから身体を起こして、再度体幹を前に倒してつま先をタッチします。右が揺れやすければ右が安定するように筋力強化します。左が揺れやすければ、右に頼って早く疲労すると違和感が出るのかもしれません。この場合は左を鍛える必要があります。

身体が
ゆれない
ように

足（甲・裏）

足首

ひざ

もも

すね ふくらはぎ

股関節

下半身

お尻

腰 腹部

全身

その他

足（甲・裏）

足首

ひざ

もも

すね ふくらはぎ

股関節

下半身

お尻

腰 腹部

全身

その他

身体を柔らかくするにはどうするのが いいのでしょうか？

昔から身体が硬いです。股関節が柔らかい方が怪我もしにくいし、ストライドも伸びていいことずくめな気がしています。柔らかくなるために何をするのが一番いいのかわかりません。練習前後にしっかりとストレッチするだけでいいのでしょうか？

稲垣雄紀さん（42歳）

2時間51分58秒
（別大2017）

骨盤をしっかり動かすエクササイズが有効です

背中・腰をやわらかく

股関節は骨盤と大腿骨からなります。大腿骨を動かすストレッチだけでなく、骨盤を動かす運動も取り入れると効果的です。浅めに腰掛けて股関節の付け根を手で軽く押え、骨盤を前後・左右に動かします。骨盤を動かすことで股関節周りの筋肉と一緒に、腰周りの筋肉も縮んだりゆるんだりします。力を入れずに脱力を意識すると、柔軟性アップにつながります。

やはり「体重」は軽いほうがいいのでしょうか

比較的体重があっても、エネルギッシュにサブスリーを達成するランナーもいます。体重があることで、下半身の怪我のリスクが高まることは把握していますが、何か目安にするといいものはありますか。

小川哲男さん(46歳)

2時間59分07秒
（大阪2018）

筋力や脂肪が落ちすぎることは
避けたほうが賢明です

例えば、膝を中心に考えると、体重が1kg増えるとランニング中の膝への負荷は、3kg以上増すと言われています。確かに体重があると怪我のリスクは高いです。国際レベルのマラソンランナーは、BMIが20前後の選手が多いようです。目安にするのは、自身で体重を減らして走った時に、「筋力や脂肪はちゃんとついているな！」、と思える所で、バランスを考えて行うと良いでしょう。

足（甲・裏）
足首
ひざ
もも
すね ふくらはぎ
股関節
下半身
お尻
腰 腹部
全身
その他

左右の股関節の動き、バランスを整える方法を知りたいです

ランニングの最中に、左脚だけしっかり前に出てストライドが伸び、右脚は膝も曲がらず棒脚になって走っている感覚になる時があります。筋肉疲労にも差が出ています。坐骨神経痛を患っております。

山岡正也さん（47歳）

2時間58分24秒
（防府2016）

骨盤の位置、身体が動きづらい動作を確認してみましょう

片方の脚が、前に出しやすくなっている時は、骨盤や上半身が少し捻った姿勢をしていることがあります。まず脱力して立ち、左右どちらの骨盤が前に出ているか確認してみましょう。次に後ろを見るように身体を捻り、どちらが動きづらいかをみます。四つ這いなどで捻りづらい方向だけストレッチをすると、左右のバランスが取れてきます。

指先を目で追って

足(甲・裏)

足首

ひざ

もも

すね ふくらはぎ

股関節

下半身

お尻

腰 腹部

全身

その他

私の予防法＆改善法合っていますか？

下半身の至るところの痛みの予防として、ゆっくりすぎず長すぎないジョグ、速すぎない流し、お風呂に入りながら特に腰、お尻回りのストレッチを継続。距離だけはいっちょまえに無理なく踏める足腰になっています。

松永 智継さん（44歳）

2時間50分35秒
（大阪2019）

とても良い習慣だと思います

スピードを変えて走ることで使う筋肉が変化し、どこの筋が張っているか、疲れているかがわかります。腰やお尻周りのストレッチも同様で、柔らかくする効果だけでなく、今の自分の状態を知るヒントにもなります。その日の練習メニューと一緒に身体の状態（腰が張っているなど）をノートに記録しておくと、傾向が把握できて、さらに自分の身体に起こる痛みの予防となります。

足（甲・裏）

足首

ひざ

もも

すね ふくらはぎ

股関節

下半身

お尻

腰 腹部

全身

その他

左右の脚の長さが異なる違和感の原因は何でしょうか

走行中、右脚に比べて左脚が短いような違和感に悩まされています。カイロプラクティスで受診した結果、実際の長さに差はなく、身体の歪みが原因とのこと。歪みを正す方法と、他に考えられる原因を教えてください。

辻本和道さん（44歳）

2時間47分42秒
（大阪2018）

簡単なようですが、鏡を見て姿勢を確認してみてください

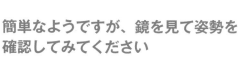

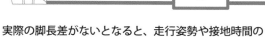

実際の脚長差がないとなると、走行姿勢や接地時間の差が関係している可能性が高いと考えます。走行時に傾いて接地し、片側下肢へ過荷重になっていたり、ストライドの差があり、一方向へ早期に荷重している場合、違和感の原因となり得ます。鏡をみて姿勢の崩れがないか、可動域に左右差がないかチェックしましょう。

肩・腰の高さを確認

坐骨神経痛、足底腱膜炎に悩んでいます

過去に度々故障していて、月1度は整体へ通っています。ランナーがするべきセルフストレッチとセルフマッサージの中でも「簡単」にできるものが知りたいです。トライアスロンにも使える内容だとなお有り難いです。

柴田清久さん(44歳)
2時間59分05秒
（古河はなもも2018）

肋骨、肩甲骨、背骨を大きく動かす
エクササイズがおすすめです

坐骨神経痛がある状態で、トライアスロンにも有効なストレッチとして、体幹のエクササイズが重要かと思います。肋骨・肩甲骨・背骨を大きく動かすストレッチをしてみましょう。簡単に、かつ気持ち良く背筋を伸ばすことができます。ちなみに、ストレッチと同時に、体幹インナーのトレーニングもセットで行うと効果が大きいです。

ひねって
背筋を伸ばす

足（甲・裏）

足首

ひざ

もも

すね ふくらはぎ

股関節

下半身

お尻

腰 腹部

全身

その他

足(甲・裏)

足首

ひざ

もも

すね・ふくらはぎ

股関節

下半身

お尻

腰・腹部

全身

その他

自分の予防法（坐骨神経痛）は正しいでしょうか？

　2年前に、梨状筋を含む深層外旋筋と、ハムストリングスを故障してから坐骨神経痛を発症。筋膜ハイドロリリース治療を3回受けて、痛みは改善しました。現在、最低週1回は整体院で筋膜リリース治療を受けて、予防しています。

石川克也さん（58歳）

2時間56分41秒
（ぐんま2019）

筋膜リリース治療にインナーのトレーニングを加えるとさらなる予防になります

　外旋筋群とハムストリングスの故障がキッカケだとすると、ハイドロリリースや筋膜リリースは適切だと思います。おそらく梨状筋症候群による坐骨神経痛だと思われます。他にも坐骨神経痛を発症するものは、腰椎椎間板ヘルニアや脊柱管狭窄症などもあります。原因によって対処法は異なりますが、共通点は体幹の強化です。インナーのトレーニングも忘れず行いましょう。

ポールに乗り片脚を上げる

足（甲・裏）

足首

ひざ

もも

すね ふくらはぎ

股関節

下半身

お尻

腰 腹部

全身

その他

坐骨神経痛を和らげるための対処法は ありますか？

お尻からもも裏に痛みが出て、走れなかった時期があります。 今でもお尻から もも裏に引っ張られる感じが強く出ます。 ストレッチなどできる範囲のケアで、 上手くつきあっていますが、痛みが出た時の対処法を教えてください。

三橋朋子さん(43歳)

2時間55分38秒
（大阪国際女子2020）

梨状筋の柔軟性を維持し、 股関節の向きを意識しましょう

坐骨神経痛は、坐骨神経が骨盤から出たところを、梨 状筋や他の外旋筋群により圧迫されて起こることがあ ります。基本的には①ランニングや座位時にて股関節 屈曲内転が強要される場合、②股関節外旋拘縮により 梨状筋等の短縮が生じている場合は、注意が必要です。 ストレッチにて、梨状筋の柔軟性を維持しつつ、股関 節の向きに気を付けましょう。

お尻の外側を のばす！

足（甲・裏）

足首

ひざ

もも

すね・ふくらはぎ

股関節

下半身

お尻

腰・腹部

全身

その他

治らない坐骨神経痛に悩んでいます

坐骨神経痛です。月に130 〜 150kmの走行距離ですが、そもそもなぜ坐骨神経痛になってしまうのか。予防のために必要なことを、日々コツコツと完治に向けてやった方がいいことを、教えてください。

小野寺洋二さん（52歳）

2時間56分01秒
（青島太平洋2015）

腸腰筋を鍛えて腰の負担を減らしましょう

サブスリーペースで走る皆さんは、スピードを保つために骨盤が起き上がり、腰の緊張が上がりやすくなります。このとき腰にかかる負荷を分散させるのが、前面についている腸腰筋です。腰の骨から大腿骨までつながって前面を支えているので、強化することで腰の負担を減らし、坐骨神経痛の予防が期待できます。骨盤を起こして座り、片方の膝を持ち上げます。5秒間止めて足の付け根とお腹に力が入っていればOKです。

前面を意識！

股関節から腰の痛み。原因と処置方法は何でしょう？

股関節から腰にかけて、お尻の奥の方で違和感及び痛みを感じます。走った後、数日間は歩く度に痛い時もあれば、数日間走り続けると自然に痛みが引くこともあります。また、走り始め痛くても、走っている最中は痛みが引きます。

大瀬正宙さん（46歳）

2時間50分16秒
（水戸黄門漫遊2019）

練習前は動的ストレッチ、練習後は静的ストレッチをマメにしてみましょう

走っている最中に痛みが引く場合は、筋肉の柔軟性低下が疑われます。動いているうちに筋肉の温度が上がり柔軟性が上がるためです。また腰、股関節の両方に関連性が高い筋肉としては、腸腰筋が挙げられます。練習前は足を前後に開き、上下にバウンドさせるように動的ストレッチを、練習後は動かさず、静的ストレッチをマメに行いましょう。

沈んで戻る

足（甲・裏）

足首

ひざ

もも

すね ふくらはぎ

股関節

下半身

お尻

腰 腹部

全身

その他

足（甲・裏）

足首

ひざ

もも

すね ふくらはぎ

股関節

下半身

お尻

腰 腹部

全身

その他

お尻の痛みで仕方なくペースダウン……
悩んでます

お尻の筋肉が凝って、痛みがあります。特に右のお尻の痛みが強いです。フルマラソンだとハーフ辺りで痛みが強くなり、ペースダウンを余儀なくされています。効果的なストレッチや、筋トレの方法があれば教えてください。

杉山 聡さん（39歳）

2時間48分58秒
（別大2019）

ももの裏側をストレッチしましょう。
四股踏みもおすすめです

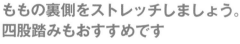

お尻には大殿筋という大きな筋肉があります。大殿筋は上半分（腰の下）と下半分（坐骨のあたり）で働きがやや異なります。上半分であれば、上半身の前傾が強すぎる可能性があり、体幹インナーの強化で変わることも多いです。下半分であれば、ももの裏をストレッチしたり、四股踏みをして鍛えることで改善します。

下半分を強化！

足(甲・裏)

足首

ひざ

もも

すね ふくらはぎ

股関節

下半身

お尻

腰 腹部

全身

その他

長期化している坐骨神経痛をなんとかしたいです

普通の練習時は大丈夫なのですが、徐々に練習強度を上げていくと、坐骨神経痛が出てしまい、日常生活に支障をきたす時もあります。時々鍼治療をしてますが、普段自分でできる予防法、治療法を教えてください。

杉山力太さん（41歳）

2時間48分23秒
（北九州2018）

こまめなストレッチとほぐしを
欠かさないようにしましょう

坐骨神経痛改善となると、体幹の強化が必須ですが、普段の生活の姿勢からの影響も大きいです。普段のお仕事の内容で座りっぱなし、立ちっぱなしが多い時には、こまめにストレッチをして身体をほぐしておくことが大切です。例えその時に痛みがなくても、姿勢の変化からランニングにつながります。細かいことですが、日頃から意識してみましょう。

上半身をひねって

臀部の坐骨神経痛の予防、対処法を知りたいです

毎年、秋から冬にかけて、右足の臀部に坐骨神経痛の症状が出て困っています（梨状筋付近、骨盤付近だと思う）。 以前このあたりを肉離れしてしまい、3か月ほど走れなかったことが関係しているのかもしれません。

島本卓啓さん（39歳）

2時間32分48秒
（別大2016）

ストレッチと、そもそも硬くならない予防が大切です

梨状筋を柔らかくするには、①ストレッチをする、②そもそも硬くならないようにする、のどちらかです。②は骨盤が右側に流れないようにする必要があります。右足に体重が乗った時に、必要以上に骨盤が右に移動すると、それを止めるため右の梨状筋が働きます。サイドブリッジで右側の骨盤・体幹が安定するようにしましょう。肉離れで弱っている場合、左右差があるはずです。

下側の筋肉を意識する

足(甲・裏)

足首

ひざ

もも

すね・ふくらはぎ

股関節

下半身

お尻

腰・腹部

全身

その他

尾骶骨打撲から腰の痛みを取りたいです

びていこつ

Q トレランで尻もちをついた際に打撲しました。2週間ほどで、打撲個所の痛みは引いたのですが、代わりに腰の痛みが出てきて、徐々にひどくなってきました。ストレッチはしっかりしていますが、痛みが引きません。

星野克茂さん（45歳）

2時間58分53秒
（別大2017）

A

打撲を甘く見ずに一度は受診してください

トレランでの打撲ということですが、通常の打撲なら、だんだんと痛みが軽減します。徐々に痛みが増強している状況は、筋肉や軟部組織の損傷では無いと考えられ、ストレッチでの改善は難しいです。尻もちが原因で起こる怪我で多いのは、腰椎圧迫骨折等があり、後々痛くなる症例もみられます。まずは現状を軽く考えずに、病院で受診することを、おすすめします。

足（甲・裏）

足首

ひざ

もも

すね ふくらはぎ

股関節

下半身

お尻

腰 腹部

全身

その他

身体の左右差を改善するストレッチを教えてください

仕事で移動が多く、身体の左側の腰に張りが出てくるようになりました。これにより走っている時に左右バランスが悪くなっています。左右差を改善するために個人でできる方法（ストレッチなど）を教えてください。

五島啓太さん（41歳）

2時間57分40秒
（別大2018）

肩の高さを確認してストレッチを行いましょう

仕事での作業内容は、姿勢に大きく影響します。腰に張りがある場合は、まず肩の高さを確認しましょう。肩が下がっている方は、脇腹の過度の筋収縮が生じている可能性があります。下がっている側の腰から脇腹にかけてのストレッチを行いましょう。この左右差がなくなれば体幹が使いやすくなり、走りの安定が期待できます。

下がっている肩の方を伸ばす

足（甲・裏）

足首

ひざ

もも

すね ふくらはぎ

股関節

下半身

お尻

腰 腹部

全身

その他

身体の硬い部分を柔らかくしたいです

臀部や腰周りの筋肉、インナーマッスルの張り、コリを感じる部位をほぐして柔らかくするにはどうすればいいですか。また筋肉を長く、いわゆる柔らかくするために、食生活で気をつけることはあるでしょうか。

草薙雄太さん（50歳）

2時間54分20秒
（別大2020）

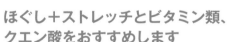

ほぐし＋ストレッチとビタミン類、クエン酸をおすすめします

表面の筋肉（アウターマッスル）はローラーやテニスボール等を当ててほぐすことができます。インナーについては、直接筋に当ててほぐすのは困難なので、やはりストレッチが一番でしょう。柔軟性を改善させる食材はありませんが、疲労で血流が低下して、筋が硬くなることを考えると、疲労を溜めないためにビタミン類やクエン酸などを意識的に摂ることは大切です。

足（甲・裏）

足首

ひざ

もも

すね ふくらはぎ

股関節

下半身

お尻

腰 腹部

全身

その他

走って良い腰痛と
ダメな腰痛の見分け方はありますか？

しばらく腰が痛く、走っていると時々響く時があります。これまではストレッチ等で自然と治っていましたが、今回はちょっと違うような感じです。こういう動きで出る痛みは要注意、というのがあれば教えてください。

大西智弘さん（43歳）

2時間55分12秒
（青島太平洋2018）

痛みが落ち着くのか、日常的なのかで
判断しましょう

ランニングフォームにより、腰部にかかる負荷は異なり、疼痛の誘発動作も異なってきます。前屈で誘発される代表的な腰痛には、棘間・棘上靭帯炎や椎間板ヘルニア、後屈では分離症や脊柱管狭窄症などが挙げられます。また、稀に仙骨部の疲労骨折などもあります。強い痛みや長期におよぶ痛み、下肢の痛みや痺れを伴う腰痛を生じている場合は、整形外科を受診する必要があります。

フルで20km過ぎたあたりで起こる 右腹部の痙攣に悩んでいます

フルマラソンのレースを走ってる際に、右の腹部に差しこみ（痙攣）が起こる事があります。起こる時はいつも右の腹部です。自分でできる治療法や、普段からできる予防法などを教えて頂きたいです。

鈴木絵里さん（35歳）

2時間45分50秒
（勝田全国2017）

胃腸炎の可能性、鎮痛剤の影響が考えられます

脇腹の痛みは所説ありますが、筋肉の痙攣や胃腸内のガス移動であれば圧迫で治ることもあります。3本の指で痛みが出るところを強く押さえてみてください。治らない時は、胃腸炎等を起こしている可能性もあります。特に、怪我の痛みを我慢するために鎮痛剤を服用して走っている時等は、薬の副作用で胃腸内が荒れやすい状態となっているので注意が必要です。

ガスなら押して治す

足（甲・裏）

足首

ひざ

もも

すね　ふくらはぎ

股関節

下半身

お尻

腰　腹部

全身

その他

レース後に、腹部が攣って歩けなくなります……

ここ数年、特にフルマラソンのゴール後に、腹筋の上部が攣ってしまい、その場で暫く動けなくなることが多いです。 筋肉を逆に伸ばして、回復させる等の手段が分からず悩んでいます。

中村孝一さん（41歳）

2時間43分08秒
（つくば2017）

まずは攣る部位の周囲をつまんで動かしてみてください

腹直筋上部、および外腹斜筋の過緊張が生じている可能性があります。肋骨の下から腹筋あたりの攣る部位の周辺をつまんで、いろいろな方向へ動かして緊張をほぐして皮膚、および筋肉の癒着、緊張を防ぎましょう。また、肋骨に手を置き、お腹を膨らませながら肋骨を開く運動、うつぶせになり腰をそらせる運動がストレッチになります。

肋骨を左右に開く

足（甲・裏）

足首

ひざ

もも

すね・ふくらはぎ

股関節

下半身

お尻

腰・腹部

全身

その他

長いレースになると、ほぼ毎回後半に痙攣します

ウルトラなど長いレースの後半で、身体に痙攣の症状が出てしまうため、毎回食塩を持参して、レースに参加しています（効果があるので）。 何か他にも、ストレッチや飲食等で効果的な対策があれば、教えてください。

大湯忠彦さん（52歳）

2時間57分08秒
（勝田全国2020）

食塩が効果的なら、電解質の不足が痙攣の原因である可能性があります

暑熱運動時には、毎時500~1000mlの汗をかきます。 その中に0.1~0.4g/dlの塩分が含まれており、この分量を摂取する必要があります。 さらに高温環境下では、自由に水分を摂取しても、発汗量の水分の20%しか補給できないとの報告もあります。 日頃から、練習をするしないに関わらず、多く水分をとる習慣をつけ、体内に水分を溜めやすい状態を作っておくと良いと思います。

足（甲・裏）

足首

ひざ

もも

すね ふくらはぎ

股関節

下半身

お尻

腰 腹部

全身

その他

悩んでいる痙攣について予防法を教えてください

痙攣の原因は電解質不足、マグネシウム不足、疲労の蓄積、心拍数の上限値に近い状態が長い時、緊張、トレーニング不足等、私なりの持論があります。医師から見てレース中の痙攣の予防で、有効的な方法はどんなものでしょうか。

関根洋明さん（43歳）

2時間56分17秒
（つくば2019）

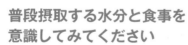

普段摂取する水分と食事を意識してみてください

痙攣の原因については、過度の緊張や低体温等も原因の一つとして考えられます。普段から水分やミネラルを、意識的に摂取するようにしてみましょう。攣り防止効果のある代表的なミネラルは、マグネシウムとカリウムです。マグネシウムは大豆類、青魚、ほうれんそう等、カリウムは海藻類やバナナ等にも多く含まれています。サプリメントなどを賢く利用するのも、一考です。

足(甲・裏)

足首

ひざ

もも

すね　ふくらはぎ

股関節

下半身

お尻

腰　腹部

全身

その他

54歳に起こる各部位の痛みに悩んでいます

Q 朝起きると「どこか」が痛い。脚、腰、背中。フルマラソン後ならまだしも、日常的に痛い。54歳の市民ランナー。そもそも、この痛みは故障なのか？　我慢すべき痛みなのか？　医学的にみた判断の目安を教えてください。

山田尚宏さん（54歳）

2時間55分42秒
（東京2018）

痛みと向き合って受診、リラクゼーションの実施をおすすめします

A

痛みが1週間、もしくはそれ以上継続している場合は、疲労性の疼痛ではない可能性があります。画像診断を受けてみて、その結果、身体に問題がなければ、筋肉の硬結による痛みが考えられます。ストレッチポールにて全身をほぐし、特に背骨を意識することを忘れないようにして、身体全身を整えていきましょう。就寝前がおすすめです。

身体の軸をリセット

適切な栄養補給を知りたいです

朝練は、起床後1時間経ってから30分行います（体幹トレーニングが中心）。60分ジョグの時はエネルギー的に問題ありませんが、インターバルや20km以上の時に心配になります。適切な栄養補給を教えてください。

寺尾隆宏さん（40歳）

2時間54分15秒
（勝田全国2015）

練習直後、ジュースやおにぎりで グリコーゲン量を増やしましょう

インターバルや長距離走後は、体内の糖を使い切ることが多いです。使い切った直後に高糖質のものを摂取すると、糖質はグリコーゲンとして貯蔵されます。アミノ酸、脂肪にも糖は貯められますが、グリコーゲンの場合は直接ブドウ糖に分解できるという利点があります。練習直後のジュースやおにぎりで筋内のグリコーゲン量を増やせれば、持久力はアップする可能性が高いです。

グリコーゲン

極端な左右差に悩んでいます

Q

走っている時の左右の体の動きが、非対称に感じます。痛みが出るのは大体右側。この左右差が原因だと思います。シューズ裏の減りを見ても、左足の外側の減りが極端に早いです。改善に向けたアドバイスをお願いします。

日高久登さん（35歳）

2時間49分9秒
（別大2018）

A

止まっている状態での「傾き」を確認してみましょう

まずは状態の把握をしましょう。立位姿勢でどちらかに傾きは無いでしょうか？　片脚立ちにて左右差は無いでしょうか？　立位姿勢に傾きがあれば傾いている方へ荷重量が多い可能性があり、ストレッチが必要です。片脚立ちで不安定な方があれば、筋力強化により安定させる必要があります。走りや動いてる中での修正は非常に難しいので、止まっている状態から修正しましょう。

ラクなのはどっち!?

身体の左右のバランスを治したいと思っています

シンスプリントの痛みが出るのは、身体の左右のバランスが悪いからですが、普段歩いている時や、直立の時でさえ傾いている気がします。整体やスポーツマッサージも効きません。どのような治療法・矯正法がありますでしょうか。

坪田健二さん（36歳）

2時間46分28秒
（別大2020）

案外やらない「足首」と「指」の硬さを確認してみましょう

シンスプリントは、体重を支える時に骨にしなる力が加わることが原因です。関節の硬さで足首、指が反らせないと痛めやすいとも言われています。仮に片方の足関節が硬ければ、わずかに同じ側の腰が引けて、反対の膝が曲がりやすくなります。膝が曲がった方に体は傾きやすく、左右差による影響が考えられます。足首、指の硬さを順に確認してみてください。

足首が硬いと順番に影響が出る

足(甲・裏)

足首

ひざ

もも

すね ふくらはぎ

股関節

下半身

お尻

腰 腹部

全身

その他

ストレッチと補強トレーニングについて 医師の意見を聞きたいです

大会や練習前には動的ストレッチ、静的ストレッチのどちらが適していますか。また、体幹トレーニング、筋トレ、チューブトレーニングなども沢山ありますが、最低限必要な補強トレーニングには、どんなものがいいですか。

武藤 理さん(46歳)

2時間47分21秒
(別大2016)

練習前の動的ストレッチは 好ましいとされています

医学会の報告では、レースや練習前は動的ストレッチにて筋肉の温度を上げることが、好ましいとされています。逆に静的ストレッチを過度にしてしまうと、パフォーマンスが低下すると言われています。最低限必要なトレーニングとしてはプランク、スクワット、ヒップリフト等、道具を使わない自重でのトレーニングをおすすめします。

お腹を凹ませてプランク

歪まない身体の作り方が知りたいです

Q 身体の歪みが原因で調子を落とす事があり、整体で矯正して回復させています。自力で骨盤の位置や状態を整える方法、または、日々自宅でできるストレッチ等ありましたら教えてください。月間300kmほど練習しています。

鷹觜厚宜さん(29歳)

2時間42分38秒
(板橋City2018)

A 自分の身体の左右差を、改めて確認しましょう

まず自分の身体の特徴を知り、左右差をなくすようにしてみましょう。一例として骨盤で考えてみます。床に両足を投げ出して座ります。股関節から爪先までの長さに差があるでしょうか。差がある場合、腰・骨盤でわずかにねじれている可能性もあります。浅く腰掛け、手を横に伸ばすエクササイズを行ってみましょう。毎日行って左右差の変化を確認していきましょう。

足（甲・裏）

足首

ひざ

もも

すね　ふくらはぎ

股関節

下半身

お尻

腰　腹部

全身

その他

40歳になった今、痛みとのつきあい方に悩んでいます

Q 競技力向上のため、ハードなトレーニングをすることは必須だと思いますが、怪我のリスクは高まります。痛みや疲れを感じた時に続けるべきか、休むべきか市民ランナーでも、簡単に判断できる材料はないでしょうか。

萩原重寿さん（40歳）

2時間39分53秒
（東京2019）

単一的なメニューを避けジョグも取り入れてみるといいでしょう

A 最近ではプロの選手でも、オーバートレーニング症候群で休む選手が出ています。生理的・精神的な疲労が十分に回復しないまま、次のトレーニングを行い続けることで生じる慢性的な疲労状態で、意欲低下、睡眠障害、抑うつ、筋痛、関節痛等の症状に進展します。単一的な練習メニューにしないこと、きつい練習の後に軽いジョグを入れること等が有効です。疲労が溜まると、起床時の心拍数が増加する傾向があり、オーバートレーニング症候群を早期発見する目安となります。

足（甲・裏）

足首

ひざ

もも

すね ふくらはぎ

股関節

下半身

お尻

腰 腹部

全身

その他

長距離走の間に生じる 胃痛への対処方法を知りたいです

夜間走で80kmほど走った後、胃痛でそれ以上走れなくなりました。その後、嘔吐数回。このような胃痛の原因と対処方法を教えていただきたいです。2020年に出走予定の200kmレースに向けて切実な課題です。

関 正博さん(52歳)

2時間59分19秒
（静岡2019）

練習 2～3 時間前の多食＋高浸透圧給水を 控えてみましょう

ランニング中に起こる腹痛の多くは、胃から食道への逆流の原因が多いと報告されています。空気を飲み込む際の、括約筋の弛緩がその原因でもあると報告されており、アルコール、カフェイン、高脂肪食、喫煙によっても引き起こされるため、日頃の注意が必要です。練習前の対策としては、練習する2～3時間前の多食と高浸透圧給水（炭酸飲料や甘い飲料）を控えると効果的です。

足（甲・裏）

足首

ひざ

もも

すね ふくらはぎ

股関節

下半身

お尻

腰 腹部

全身

その他

首、肩、肩甲骨の強ばりを改善したいです

首〜肩甲骨周りの強ばり、それと連動した右鼻の不通感、その影響か、時々、酸欠症状で目眩あり、走行時は肩甲骨、胸骨の動きの不自然さと呼吸のし辛さがあり改善模索中です。整形外科医の視点でアドバイス頂きたい。

済賀和之さん（50歳）

2時間58分16秒
（別大2020）

走る前に背中から腰を
ゆるめるストレッチをしてみましょう

腰〜背中〜首には、脊柱起立筋群という身体を反らす筋があり、これらの筋は互いに連結しながら働いています。首の脊柱起立筋群の近くには、頭に血流を送る重要な血管もあります。走る直前に背中〜腰をゆるめるストレッチを試してみて下さい。上半身については直前に静的ストレッチで伸ばしてもパフォーマンスは下がりません。

ジワ〜ッと
気持ちよく

足(甲・裏)
足首
ひざ
もも
すね・ふくらはぎ
股関節
下半身
お尻
腰・腹部
全身
その他

200km以上のレースが好きで 走りすぎだと思うのですが……

月間走行距離は800km以上（2019年は計9800km）。痛みなく体調も良く、これからも走り続けたいと思っていますが、このままこのペースで走り続けると身体にどのような問題が起こる可能性があるのでしょうか？

岩立幸一さん（48歳）

2時間54分26秒
（さの2016）

走行距離が多くても負荷を考えれば 無事に走っていけます

走りすぎると、男性ホルモンのテストステロンが低下する可能性があります。筋肉量減少、故障が多い、疲労感、元気が出ないなどの症状がある場合は休みましょう。"走行距離を増やすより強度の高い練習の方が大切"という事を裏返すと、"走行距離が多くても強度が高くなければ負担は軽い"と考えられます。筋肉量が多く、症状が無いので現在の負荷は適切と思われます。

足（甲・裏）

足首

ひざ

もも

すね ふくらはぎ

股関節

下半身

お尻

腰 腹部

全身

その他

エンデュランス系競技での、消化器系について教えてください

Q エンデュランス系の競技の後半（4、5時間を経過した頃）になると、ジェル等を身体が受け付けなくなってしまいます。どうすれば、摂取したジェルをエネルギーに変換し、パフォーマンスを最大化できるでしょうか？

田中勇希さん（30歳）

2時間57分49秒
（大阪2016）

走行中の水分、塩分、たんぱく質等のバランスを気にしてみてください

ウルトラマラソンランナーなど、エンデュランス系競技では吐き気を催すことがよくあり、消化器系の不調によって身体が食物を受け付けなくなると考えられます。代表的な要因としては、脱水と低ナトリウム血症があります。レース中に炭水化物だけをとると消化管が酸性に傾き、吐き気が生じやすくなります。水分・塩分・炭水化物をとりながら、タンパク質と脂肪も適度に摂取することがポイントです。

足（甲・裏）

足首

ひざ

もも

すね・ふくらはぎ

股関節

下半身

お尻

腰・腹部

全身

その他

走った後に、「あぁ、免疫力が落ちたな」と感じることがあります

レースや、練習の後に以前に比べて「免疫力が下がっている」と感じて、ショックを受けることがあります。 その後、体調を崩さないようにするための対策を教えてください。

田中裕将さん（29歳）

2時間49分40秒
（勝田全国2019）

睡眠・加湿・乳酸菌摂取が大事です

強度の高い運動をすると、血液の成分の1つである好中球などの働きが低下すると報告されており、それにより細菌感染しやすくなります。対策はレース当日の夜がポイントです。もともと睡眠時は唾液が減少し、免疫細胞の働きも鈍るので、感染リスクが高まるからです。加湿器や洗濯物で部屋を保湿し、マスクで喉・鼻の粘膜を保護しましょう。乳酸菌や、ビフィズス菌の摂取もおすすめです。加えて十分な睡眠を心掛ければ、免疫機能は早く回復するはずです。

好中球

IgA

残業が多い時の運動は控えるべきですか？

多い時では1日5〜6時間残業があり、週30時間近くなります。睡眠時間が3〜5時間くらいまで短くなっても運動は維持したいと思い、無理矢理やっています。身体にとっては何かメリット、デメリットありますでしょうか？

比佐 学さん（35歳）

2時間47分40秒
（プラハ2019）

軽いストレッチとジョグで運動を続けてみましょう

疲労が蓄積した状態で練習をやっても、思ったパフォーマンスは出せず、怪我をするリスクが上がります。残業が多い時は、アクティブレストとして、軽いストレッチやジョグをして、まず疲労をとることがおすすめです。血流を促し、回復に必要な栄養素と疲労物質等の老廃物の交換をする事で、疲れの溜まりにくい身体を作ることができます。

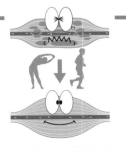

アクティブレストで通りを良くする

練習するしないの目安が知りたいです

膝や足首等に違和感を感じたら、練習をやめるようにしているため、大きな怪我をしたことはありませんが、我慢するかどうかは、どのように判断するのが良いでしょうか？

清水勝久さん（35歳）

2時間30分46秒
（別大2020）

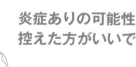

炎症ありの可能性がある場合は
控えた方がいいでしょう

違和感が出るあたりを触ったり、押したりして、左右差を見ましょう。触って熱感、腫れがある場合は炎症が生じている可能性があります。過度な練習は控え、アイシングを徹底しましょう。また圧痛がある場合は筋肉疲労によるコリがある可能性があります。放置すると痛み、障害の原因になりますので、しっかりとほぐし、次の練習へ疲労を残さないようにしましょう。

足（甲・裏）

足首

ひざ

もも

すね ふくらはぎ

股関節

下半身

お尻

腰 腹部

全身

その他

四十肩との付き合い方が知りたいです

1か月くらい前から、やんわりと四十肩が発生しました。幸い走りに影響はありませんが、痛くなる頻度が増えており心配しています。安静にしたほうがいいのか、動かしたほうがいいのか、又は他の方法があれば知りたいです。

古橋勇作さん（44歳）

2時間49分55秒
（古河はなもも2018）

夜間に痛みがなければ、肩甲骨から動かしてみましょう

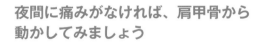

夜間の痛みはありますか？ 夜間痛がある場合は炎症状態にある可能性があります。炎症状態が落ちつくまでは背骨等、肩以外を動かすにとどめましょう。夜間痛がなければ痛みのない範囲で、肩甲骨から動かしましょう。走りの腕振りに影響する程ではないようですが、痛みが長引くと、肩甲骨の位置が変わり、フォームに影響する可能性はあります。

背中を丸めて反る

足（甲・裏）

足首

ひざ

もも

すね ふくらはぎ

股関節

下半身

お尻

腰 腹部

全身

その他

貧血の予防として食事・サプリメント以外の 方法はありますか？

学生時代から、夏場や走行距離が増えると貧血になりやすいです。現在マラソンよりトレランに力を入れており、今後は100マイルなどウルトラトレイルがメインとなります。食事やサプリメント以外の予防法を伺いたいです。

 中野一樹さん（33歳）

2時間46分10秒
（静岡2015）

 日頃の体調の確認を意識的に行うといいでしょう

ランナーは、大量の発汗や消化管からの微細出血で鉄分を失いやすいと言えます。基本的には練習量のコントロールと食事、内服などで治しますが、本人がいち早く変化に気づかなければ治療することもできません。例えば尿が黒くないか、瞼の裏が白くないか、全身のだるさがないか、などが重要なサインです。サインを見逃さないようにしてください。

アイシングとマッサージ、その他ケアを徹底しています！

「練習強度が上がっても怪我をしないように、軸だけを使うフォームを『腿を使って作る軸』という意識に変えました。練習後に気になる部位は必ずアイシングして、帰宅してから マッサージ機でほぐしています。走った時に痛みが出やすい箇所、足底やアキレス腱も、タオルギャザーやストレッチボードでのケアを習慣にして鍛えています」

工藤 淳さん(32歳)

2時間34分35秒
(東京2018)

練習しすぎない、が
無事なランナーでいるコツです

「月間500kmほど練習をしていますが、意外にも故障はありません。日々多忙なスケジュールの中、治療に当てられる時間がないことから、怪我を回避することが習慣になったような気がします。週末のロングジョグの時には、走りたくても練習は腹八分目。追い込み過ぎないのが、怪我をせず、継続した練習ができるコツだと思います」

坂本隆介さん（39歳）

2時間40分42秒
（長野2015）

生活のひとつひとつを整えて練習しています

「昨年からサロマ湖100km等のウルトラマラソンにも力を入れるようになりました。怪我予防のために日頃から睡眠時間の確保と、食事のバランスに気をつけています。毎日、朝晩にストレッチと腹筋ローラー20回、ブリッジを5秒間やるようにしています。また、ポイント練習やレース後には、すぐにアイシングをするようにしています」

石川奈都子さん（30歳）

2時間52分40秒
（東京2017）

故障したら焦らずに対処しています

「鵞足炎・肉離れが発症した時は、3週間ほどノーラン、週2回患部への電気治療、鍼、マッサージを繰り返しました。痛みが和らいだ時点でラン再開。患部への負担が少ない芝生やクロカンジョッグでつなぎ、痛み緩和への足取りを踏みました。加えて十分な睡眠と疲労回復に時間を取り、100kmのレースを完走してからは故障しなくなりました」

坂本久美子さん（40歳）

2時間53分24秒
（勝田全国2020）

4

毎日の入浴時に脚と足をチェックしています!

「痛みや故障を起こさないために、過去に痛めた経験から、毎日の入浴の際に、脚と足の全体を手で触って確かめるようにしています。少しでも"張っているな"、"疲労が溜まってい るかも"、という違和感があれば、意識的にマッサージ等をしてセルフメンテナンス。小さな変化を見逃さないように気をつけて、日々の練習を重ねています」

田代紀子さん(45歳)

2時間56分37秒
(つくば2018)

俊足ランナーたちの
怪我・故障・予防「川柳」

腰落ちて　負のスパイラル　即気づけ

米重修一さん

ピザ食えば　故障も無いし　新記録

窪田俊郎さん

ピンときた　違和感で止め　早復帰

長江隆行さん

うるぎ村　走るだけで　健康体

重見高好さん

怪我すると　走れないから　すぐ太る

片岡昭子さん

今日も痛い　快走夢見て　我慢だな

大山研二さん

マッサージ　通う費用で　ヴェイパー買える

深沢裕樹さん

フルマラソンのベストタイム		
米重修一さん：2時間12分00秒（別大1990）	片岡昭子さん：2時間53分35秒（大阪国際女子2020）
窪田俊郎さん：2時間58分54秒（勝田全国2020）	大山研二さん：2時間25分52秒（福岡国際2015）
長江隆行さん：2時間23分29秒（東京2016）	深沢裕樹さん：2時間54分15秒（別大2020）
重見高好さん：2時間18分31秒（びわ湖2009）	

第2章

走りの達人＋走る医師のメンテナンスストーリー

ランナーとしての人生の中で
もっとも辛かった障害について

痛みを克服!!

神野大地さん（26歳）の場合

「来年は箱根を走りたい！」
〜左脛骨疲労骨折からの復帰！〜

1993年生　165cm、46kg。中京大中京高校から青山学院大学に進学。
2018年5月にプロ転向。5000m（13分56秒05/日体大長距離競技会
2018）、10000m（28分17秒54/ホクレンディスタンスチャレンジ2016）、
フルマラソン（2時間10分18秒/東京マラソン2018）セルソース所属

　私もこれまでに多くのランナー障害を経験しています。特に大学4年間では5度の疲労骨折を経験するなど、障害に非常に悩まされた期間でした。

（5度の疲労骨折を経験）
・大学1年　左脛骨
・大学3年　右大腿骨/左大腿骨
・大学4年　右脛骨/左脛骨

　その中でも一番辛かった障害は大学1年生、12月初旬の左脛骨疲労骨折です。2012年の春、夢である箱根駅伝を走ることを目標に地元愛知を離れて青山学院大学に入学しました。大学4年間に「1度でもいいから走りたいな」、程度に考えていたのですが、入学以降順調に練習を消化できて、厳しい夏合宿を経て出場した初の20kmのロードレースでも学内上位に入りました。まさに1年目にして夢の箱根駅伝出場に手応えを感じていました。

　そんなメンバー選考が本格化してきた10月下旬に、左脛骨に痛みが出ました。ここで休んだら夢から遠ざかってしまう……、との思いで、痛み止めを飲みながらも走り続けましたが、エントリーメンバーが決定する12月初旬に我慢の限界を迎え、結局はエントリーメンバー16名にすら選ばれませんでした。私にとっては大きな挫折で、メンバー漏れ以降は食事や生活も乱れる等陸上競技人生の中でも一番モチベーションが低下してしまった時期かもしれません。

　しかし、初めてチームの一員として迎えた箱根駅伝で、日頃ともに練習、生活しているチームメートが走る姿や大会の雰囲気を直に感じ、悔しい気持ちと共に、「来年こそは自分が出場したい」という気持ちが湧き出てきました。

　そこからは、自分にできる事、即ち走る以外のフィジカルトレーニングに粛々と励みました。

　結局この時の障害は完治までに2か月を要

2020 年 1 月はケニア・イテンで合宿

しました。しかし、その後自分自身でも驚く事が起きました。復帰後たったの２か月後のレースで自己ベストが出たのです。

この経験から私が学んだことは３つあります。

●１つ目は、痛みを我慢して走り続けてもベストパフォーマンスは発揮できない事。

●２つ目は、フィジカルトレーニングの重要性。

●３つ目は、故障という精神的には辛い時期でもモチベーションを保ち、やれる事、やるべき事を行えるか否かが、成長の分かれ目だ、という事です。

その後も何度もランニング障害を経験していますが、その度にこの時の経験で学んだ事を思い出して、その期間を過ごす事で自分の成長につなげています。

ただし、最も重要なのは、疲労骨折のようなダメージの大きな障害を起こさない事だと思っています。

世界の舞台で活躍する事を目指している

中では、障害と隣り合わせの厳しいトレーニングを実施しなければなりません。

しかしその分、自身の身体と対話しトレーニングと休養のバランスを考えることや、アフターケア、フィジカルトレーニング、ランニングエコノミーの改善等を徹底的に行う事で、厳しいトレーニングを行いながらも、大きな障害を起こさないという競技生活を送れるように取り組んでいます。

大学１年の時の左脛骨疲労骨折からの復帰に至る経験は、今になって本当に役に立っています。

「怪我や故障と向き合って、ちゃんと治さなければ、先へは進めません」(神野大地)

川内鴻輝さん（27歳）の場合

もっとも大事なのは "必ず治す" という強い意志です

川内三兄弟の三男。MEDIFOAM所属。地元の久喜市を「市民ランナーの聖地」にすることを掲げ、久喜市議会議員選挙に出馬し当選、全国最年少議員となる。日テレ「世界まる見え！テレビ特捜部」番組枠にて、テレビCM出演中。

　これまで経験した怪我は中足骨と脛骨の疲労骨折、腸脛靭帯炎、シンスプリント、鵞足炎、股関節痛など多岐にわたります。中でも腸脛靭帯炎と鵞足炎を同時に患った高校3年時は大変辛い状況にありました。

　事の発端は7月の夏合宿の練習中、膝の内側に強い痛みを感じたのですが、集団練習から抜けることを言い出せずに、無理して走り続ました。その結果腸脛靭帯炎も併発しました。とうとう日常生活にも支障を来たし歩行困難となり、階段の昇り降りで激痛を感じるようになりました。

　高校駅伝のメンバー争いに加われない実力なら諦めもつきましたが、少し頑張れば手が届く状況でした。そのため体力と筋力が日々低下する現実に耐えられず、少し痛みが和らぐと走る事を繰り返し、さらに患部が悪化するという悪循環に陥りました。

　9月に入るとこのまま本番を迎えても勝負できないと考えを改め、完治を目指す事にします。まずは炎症を治すため、筋肉や靭帯に籠っている熱を取り除く事に集中し

ました。牛乳パックに水を満タンに注ぎ、冷凍庫で凍らせた上で紙パックを破くと大きな氷の塊が完成します。入浴時にこの塊を使って、患部とその周辺の感覚がなくなるまでアイシングを繰り返しました。

　また隙間時間を見つけては血流を促進させるイメージでゆるやかなマッサージを繰り返しました。さらには痛みの根本的な原因は腰と股関節周りが張っている事だと気づき、整体や鍼灸にも積極的に通い、その箇所を集中的に治療するよう頼みました。

　一番大事な事は「必ず治す」という確固たる意志を持つことだと思います。自然治癒力だけに頼るのでは治りが遅く、痛みを取り除くための行動も鈍くなります。献身的なケアの甲斐もあって10月中旬には痛みがなくなり、11月の埼玉県高校駅伝では2区を走らせていただき、花咲徳栄史上最高順位である準優勝を果たす事ができました。

　これまで様々な怪我を経験してきたからこそ、今では痛みなく走れることの素晴らしさを実感しています。

ランナーとしての人生の中で
もっとも辛かった障害について

痛みを克服!!

宮川浩太さん（34歳）の場合

疲労骨折を助けてくれた父の優しさ

株式会社ウィルフォワードアスリート代表
高校教師を経て2013年に柔道整復師の国家資格を取得。
現在はトレーニング指導、怪我の治療や予防のアドバイスなどを専門的に行う。

　仕事柄、多くの方の怪我や痛みに向き合う毎日ですが、この仕事に就く原点を振り返るたびに、自分自身が経験したたくさんの怪我の事を思い出します。中でももっとも思い出深いのは、大学4年生の春に経験した出来事です。

　箱根駅伝に出たいと思って筑波大学へ進学したものの、予選会の壁は厚くあっという間に4年目を迎えていました。最後の箱根駅伝予選会に向けて大事な1年になると意気込んでいた矢先、練習中に激痛に襲われました。後で調べると、足部の疲労骨折が発覚。教育実習や卒業研究等で忙しかった時期で、アップもいい加減に済ませて練習に合流し続けていたことが原因でした。

　なかなか引かない痛みに焦り、途方にくれていた時にコーチから"足に合わせたシューズを作ること"を提案されました。当時は神戸まで行かないと、オーダーでシューズを作ってもらえない時代です。国立大学に強化費等はなく、交通費やオーダーシューズの制作費等諸々含むととんでもない金額

になります。おそるおそる父に相談したところ、父は「浩太はどうしたいんだ？　作りたいんだったら、通帳にあるお金を全部使っていいから行ってこい」と即答。普段寡黙な父が発した言葉は不意をつくものでした。申し訳ないと思う気持ちがある反面、自分の想いを後押ししてくれたことが本当に嬉しかったです。世界にひとつだけのシューズは足に吸い付くようにフィットして優しく、足の痛みだけではなく体への負担が劇的に変わった感覚だったのをよく覚えています。

　シューズを変えるだけで身体がガラッと変わった経験があるからこそ、足部をはじめとした身体の正しい使い方をマスターすることの重要性を痛感しています。今ではランニングだけでなく、身体作りのための補強運動やエクササイズもよくやるようになりました。現在はランナーを支える立場に変わったので、痛みに悩む人の身体と心を支えるトレーナーであれるように活動していきたいなと思っています。

ランニングドクターとして
女性ランナーに思うこと

快走を提案!!

佐藤恵里先生の場合

女性ランナーのみなさんに
心から楽しんでもらいたい

医療法人社団松惠会けやきトータルクリニック内科医、小江戸大江戸200K女子優勝（2018）、日本横断、川の道フットレース2019（254km）女子優勝、日本医師ジョガーズ連盟認定ランニングドクター、100kmのベストタイムは9時間44分41秒（茨城100kmウルトラマラソン2019）

私はフルマラソンからウルトラマラソンまでを楽しく走っている内科医です。今回はこの書籍に登場する女性サブスリーランナーを始め、女性ランナーのみなさんに向けてお話ししたいと思います。

女性のサブスリーランナーはランナー人口の中で約0.4％と言われており非常に少ないです。男性よりも筋肉量が少なく月経による貧血症状を持つ女性も多く、そんな中でサブスリーまでの走力をつけてくる努力は並大抵ではありません。

アメリカのスポーツ医学会が女性アスリートに向けて警鐘を鳴らしている「女性アスリートの三主徴」という定義があります（Female Athlete Triad）。食事制限等で十分にエネルギーを摂取できない事で起こる「利用可能エネルギー不足」、「視床下部性無月経」、そして「骨粗しょう症」。十分なエネルギーを摂らないと、脳や卵巣から分泌されるホルモンの量が減ります。女性ホルモンには骨を守る働きがあるため、不足により月経不順だけでなく疲労骨折が起きやすくなります。

その他、女性ランナーには食事制限による摂食中枢の異常が原因で、拒食症や摂食障害に至る危険性が容易にあります。体脂肪が少ないと免疫力が低下して風邪をひきやすくなる事もあります。こんな風に並べると、心配になってしまいますが私がもっとも言いたい事は、速く走るために決して意味のない減量をしないでいただきたいという事です。

女性の身体は気をつけなければならない部分が多いのです。家族のいるランナーであれば家事や子育てと練習をバランスよく行う必要があり、タイミングが狂うとストレスが発生します。決して「体重が1kg減ったら3分速くなる」などという説に振り回されることなく（これに該当するのは太めの男性ランナーだけと考えます）、しっかり食べてバランスよく練習して、走ることで人生をより輝かせてもらいたいと思います。走ることは心と身体を開放してくれます。私もずっとそう感じて走っています。

ランナーとしての人生の中で
もっとも辛かった障害について

痛みを
克服!!

長谷部了先生の場合

ストレッチをいい加減にした結果の「骨化」!?

群馬大学医学部卒業 整形外科はせべ医院院長、日本スポーツ協会公認スポーツドクター、日本医師ジョガーズ連盟所属。自称サブフォー浪人として月間200〜250km走っている。

みなさんはアキレス腱の繋ぎ目が「骨化」するということをご存知でしょうか。私は高崎市で整形外科の開業医をしているアラ4.5ランナーですが、昨年、長年付き合っているアキレス腱付着部炎がさらにいたずらをして、なんと踵とアキレス腱のつなぎ目が骨化していたのです。痛いのなんの……。

それでもなんとか普通に走れていたのでそのままにしておきましたら、ある日の夜、暗闇の中の段差で左の足関節を強く捻ってしまい、骨化していた部分が「ポキッ」と折れたのです。骨折です(涙)。

思い切り走りたい気持ちから手術を決意しました。手術は足の専門医、久保田仁先生にお願いしました。患者の側に立って初めて見る手術光景に感動し、看護師さんの心温かいケア等改めて勉強になりました。

前置きが長くなりましたが、ランナーである以上、身体のメンテナンスは本当に大事だという事です。自分はやったフリしかしてなかったなぁ〜と反省……。

私の術後は4週間患部を固定しプール等

で足関節の可動域訓練→歩行訓練→ジョギング開始。半年ほどでハーフを2時間以内で走れるようになり順調に回復していきました。それでも骨癒合が心配なので、自院のレントゲン室で毎週のように撮影し、「骨はちゃんとついたかなぁ?」と悩むこともありました。

回復の基準は痛みの程度と走行距離としました。治療5カ月後には、月間走行距離530kmを記録。まだまだフルマラソンを以前より速く走るには至っておりませんが、再度目標を見据えて日々トレーニングできる身体に戻った事に幸せを感じています。

私にとってはこの本に出ていらっしゃるサブスリーランナーの方々の驚くべき身体能力は本当に羨ましいです。しかし走るのが好きな同じランナーです。「皆、限界に挑む権利はある!」と考えます。

私は本当に走るのが大好き! 気持ちはサブスリーランナーに負けません。足がある程度回復した今、改めてサブフォー目指してチャレンジしています。

走る医師のいる病院一覧

日本医師ジョガーズ連盟 (JMJA：Japan Medical Joggers Association) に加入している病院です。各病院に走る医師がいます。走る医師だからこそ、ランナーの気持ちが分かります。自宅でのメンテナンスに加えて医師の診断が必要だと思ったら、診断を受けることをおすすめします。

 日本医師ジョガーズは、ランニングドクター ® として各種ランニング大会に参加し、走りながら、ランナーに最も近い視点からの医療支援活動を行っています。

北海道	**佐藤達也**さん
勤務先	医療法人社団我汝会 さっぽろ病院
住 所	札幌市東区北24条東1-3-7
電 話	011-753-3030
診療科目	整形外科

青森県	**増田光男**さん
勤務先	医療法人芙蓉会 村上病院
住 所	青森市浜田3丁目3-14
電 話	017-729-8888
診療科目	糖尿病内科

青森県	**木村健一**さん（院長）
勤務先	木村健一糖尿病・内分泌クリニック
住 所	青森市茶屋町13-9
電 話	017-765-3100
診療科目	糖尿病内科、内分泌代謝内科、リウマチ科、内科

青森県	**長谷川聖子**さん（部長）
勤務先	黒石市国民健康保険 黒石病院
住 所	黒石市北美町1-70
電 話	0172-52-2121
診療科目	脳神経外科

岩手県	**石川 浩**さん（院長）
勤務先	いしかわ内科クリニック
住 所	北上市大堤南1-1-25
電 話	0197-67-2288
診療科目	一般内科、呼吸器内科、糖尿病内科、アレルギー科

岩手県	**大澤 良之**さん
勤務先	大澤脳神経・内科・歯科クリニック
住 所	盛岡市茶畑2丁目8番3号
電 話	019-652-0038
診療科目	外科

宮城県	**伊藤健太**さん（院長）
勤務先	医療法人社団 伊藤医院
住 所	加美郡加美町字旧舘一番80-2
電 話	0229-63-2025
診療科目	循環器内科、総合内科

山形県	**浜崎安純**さん
勤務先	山形大学医学部附属病院　第二外科
住 所	山形市飯田西2-2-2
電 話	023-633-1122
診療科目	心臓血管外科

茨城県	**田中信一**さん（院長）
勤務先	医療法人 田中医院
住 所	古河市錦町5-3
電 話	0280-23-0600
診療科目	消化器内科、乳腺科

群馬県	**小池 諭**さん（院長）
勤務先	こいけ整形外科クリニック
住 所	高崎市浜川町1740-1
電 話	027-344-8008
診療科目	整形外科、リハビリ科

群馬県	**長谷部 了**さん（院長）
勤務先	整形外科はせべ医院
住　所	高崎市井野町983-1
電　話	027-361-0177
診　療科　目	整形外科

群馬県	**斎川雄弘**さん（院長）
勤務先	斎川産婦人科医院
住　所	高崎市岩押町31-10
電　話	027-327-0462
診　療科　目	産婦人科

埼玉県	**玉谷真一**さん（理事長）
勤務先	医療法人社団 わたまクリニック
住　所	鴻巣市加美1-6-46
電　話	048-541-5756
診　療科　目	脳神経外科、内科、神経内科

埼玉県	**石田 明**さん（教授）
勤務先	埼玉医科大学国際医療センター　包括的がんセンター
住　所	日高市山根1397-1
電　話	042-984-4111
診　療科　目	造血器腫瘍科

埼玉県	**佐藤 弘**さん（教授）
勤務先	埼玉医大国際医療センター　包括的がんセンター
住　所	日高市山根1397-1
電　話	042-984-4111
診　療科　目	消化器外科（上部消化管外科）

埼玉県	**小嵐正治**さん
勤務先	蕨市立病院
住　所	蕨市北町2-12-18
電　話	048-432-2277
診　療科　目	整形外科

埼玉県	**石川克也**さん
勤務先	医療法人社団おきいり会 石川眼科
住　所	入間郡越生町越生東2-7-3越生ロジュマン１Ｆ
電　話	049-277-2077
診　療科　目	眼科

千葉県	**増田健太郎**さん（院長）
勤務先	医療法人社団 増田産婦人科
住　所	匝瑳市八日市場イの2837
電　話	0479-73-1100
診　療科　目	産婦人科

千葉県	**佐藤恵里**さん
勤務先	医療法人社団松恵会 けやきトータルクリニック
住　所	松戸市新松戸3-114
電　話	047-309-2299
診　療科　目	内科、リウマチ内科、痛風

東京都	**望月英明**さん（院長）
勤務先	望月内科クリニック
住　所	板橋区相生町4-5　桂ハイツ1F
電　話	03-3937-6769
診　療科　目	内科、呼吸器内科

東京都	**深谷 親**さん（診療教授）
勤務先	日本大学医学部附属板橋病院
住　所	板橋区大谷口上町30-1
電　話	03-3972-8111
診　療科　目	脳神経外科

東京都	**宮川美知子**さん（院長）
勤務先	医療法人社団櫻美会 石川医院
住　所	板橋区常盤台1-61-3
電　話	03-3960-3940
診　療科　目	小児科

東京都	**西木慎太朗**さん
勤務先	東邦大学大学院　医学研究科
住　所	大田区大森西5-21-16
電　話	03-3762-4151
診　療科　目	内科、呼吸器科

東京都	**奥村晴彦**さん（院長）
勤務先	医療法人社団 おくむら医院
住　所	江東区南砂 2-6-3サンライズ東陽ビル２Ｆ
電　話	03-5653-2228
診　療科　目	外科

東京都	**内藤勝行**さん（院長）
勤務先	医療法人志匠会 ムサコ整形外科
住　所	品川区小山３丁目27-1武蔵小山駅前ビル3階
電　話	03-3786-5635
診　療科　目	整形外科

東京都	**平泉 裕**さん（客員教授）
勤務先	昭和大学整形外科学講座
住　所	品川区旗の台1-5-8
電　話	03-3784-8543
診　療科　目	整形外科、脊椎・脊髄外科

東京都	**飯田英信**さん（院長）
勤務先	医療法人社団 TLC 医療会ブレインケアクリニック
住　所	新宿区左門町13番地磯部ビル2階
電　話	03-3351-3386
診　療科　目	精神科

東京都	**中村 集**さん（院長）
勤務先	集クリニック
住　所	杉並区和泉3-9-14
電　話	03-6431-0993
診　療科　目	外科、消化器内科

東京都	**千木良 淳**さん（院長）
勤務先	ちぎら医院
住 所	杉並区西荻北3-4-4
電 話	03-3390-1238
診療科目	内科、小児科、皮膚科

東京都	**塚田重城**さん（院長）
勤務先	つかだクリニック
住 所	杉並区宮前5-15-21久我山クリニックモール内
電 話	03-5336-6626
診療科目	内科、消化器内科、小児科

東京都 / 埼玉県	**北原拓也**さん
勤務先	賛育会病院 / 健康スポーツクリニック
住 所	墨田区太平3-20-2 / 熊谷市弥藤吾122-1
電 話	03-3622-9191 / 048-501-5656
診療科目	内科、消化器科

東京都	**黒木識敬**さん（医長）
勤務先	東京都立墨東病院
住 所	墨田区江東橋4-23-15
電 話	03-3633-6151
診療科目	循環器科

東京都	**山田義直**さん
勤務先	医療法人社団大坪会 三軒茶屋第一病院
住 所	世田谷区三軒茶屋1-22-8
電 話	03-5787-2211
診療科目	外科

東京都	**棟方隆一**さん（院長）
勤務先	むなかた歯科医院
住 所	練馬区関町北4-10-5
電 話	03-3928-0859
診療科目	歯科

東京都	**上野正紀**さん（部長）
勤務先	虎の門病院
住 所	港区虎ノ門2-2-2
電 話	03-3588-1111
診療科目	消化器外科

東京都	**守重昌彦**さん（院長）
勤務先	ぜんしん整形外科立川スポーツリハビリクリニック
住 所	立川市曙町2-11-2 フロム中武7階
電 話	042-512-8941
診療科目	整形外科

東京都	**雨宮 正**さん（医長）
勤務先	医療法人社団 東光会 西東京中央総合病院
住 所	西東京市芝久保町2-4-19
電 話	042-464-1511
診療科目	循環器内科

東京都	**加藤直樹**さん（院長）
勤務先	加藤醫院
住 所	八王子市七国4-9-3
電 話	042-632-7950
診療科目	小児科、アレルギー科、内科

東京都	**大貫 学**さん
勤務先	公益社団法人発達協会 王子クリニック
住 所	北区赤羽南2-10-20
電 話	03-3903-3311
診療科目	内科、神経内科

神奈川県	**大塚宏之**さん（院長）
勤務先	大塚眼科クリニック
住 所	川崎市川崎区駅前本町12-1 川崎駅前タワー・リパーク 7F
電 話	044-200-7773
診療科目	眼科

神奈川県	**西村真紀**さん（所長）
勤務先	川崎セツルメント診療所
住 所	川崎市幸区古市場2-67
電 話	044-544-1601
診療科目	内科、小児科

神奈川県	**宮﨑秀和**さん（副部長）
勤務先	川崎市立多摩病院
住 所	川崎市多摩区宿河原1-30-37
電 話	044-933-8111
診療科目	循環器内科

神奈川県	**佐口武史**さん
勤務先	医療法人社団仁輪会 くず葉台病院
住 所	秦野市東田原340
電 話	0463-82-5858
診療科目	消化器科（内科・外科）、肛門外科

神奈川県	**入江文元**さん（院長）
勤務先	湘南台矯正歯科
住 所	藤沢市湘南台1-10-10 ソレアード湘南1F
電 話	0466-46-4182
診療科目	矯正歯科

神奈川県	**石橋啓如**さん
勤務先	医療法人社団啓寿会 石橋クリニック
住 所	横須賀市大津町 1-8-32
電 話	046-837-3233
診療科目	総合内科

神奈川県	**鈴木立紀**さん（東京理科大学薬学部准教授）
勤務先	公益財団法人積善会 日向台病院
住 所	横浜市旭区市沢町1081
電 話	045-373-4114
診療科目	内科

神奈川県	**斉木裕香**さん
勤務先	医療法人財団あおば弘成会 上大岡診療所
住　所	横浜市港南区上大岡東2-3-26 京急ファミリー倶楽部2F
電　話	045-353-8382
診療科目	循環器科

神奈川県	**箱田有亮**さん（院長）
勤務先	三ツ境はこだ内科
住　所	横浜市瀬谷区三ツ境6-2
電　話	045-360-0230
診療科目	内科

神奈川県	**植田 啓**さん（院長）
勤務先	ひまわりレディースクリニック
住　所	横浜市都筑区茅ヶ崎中央50-17C・M ポート8F
電　話	045-949-2212
診療科目	婦人科

神奈川県	**堀口速史**さん（院長）
勤務先	堀口クリニック
住　所	横浜市戸塚区上倉田町498-11第5吉本ビル1F
電　話	045-869-6464
診療科目	内科、呼吸器内科、外科、アレルギー科

神奈川県	**千葉泰彦**さん
勤務先	横浜市立市民病院
住　所	横浜市保土ヶ谷区岡沢町56番地
電　話	045-331-1961
診療科目	検査部

神奈川県	**住田洋一**さん（院長）
勤務先	住田医院
住　所	中郡二宮町二宮122-8
電　話	0463-71-0179
診療科目	内科、循環器内科

富山県	**坪田 聡**さん（副院長）
勤務先	雨晴クリニック
住　所	高岡市太田桜谷23-1
電　話	0766-44-8061
診療科目	整形外科、睡眠科

富山県	**高尾昌明**さん
勤務先	高重記念クリニック
住　所	富山市元町二丁目3番20号 わかばメディカルホールディングスビル1F
電　話	076-421-4363
診療科目	内科、外科

福井県	**紫 英人**さん（院長）
勤務先	ともだち診療所
住　所	鯖江市石田上町23-14
電　話	0778-51-4895
診療科目	小児科

福井県	**藤井秀則**さん（部長）
勤務先	福井赤十字病院
住　所	福井市月見2-4-1
電　話	0776-36-3630
診療科目	外科、消化器外科、内視鏡外科

山梨県	**飯村 譲**さん（院長）
勤務先	飯村医院
住　所	南アルプス市飯野2930-1
電　話	055-280-1100
診療科目	内科

長野県	**矢澤和虎**さん（院長）
勤務先	やざわ虎クリニック
住　所	諏訪市高島1-21-14
電　話	0266-57-8300
診療科目	内科、外科

静岡県	**小田和弘**さん（院長）
勤務先	伊豆今井浜病院
住　所	賀茂郡河津町見高178
電　話	0558-34-1123
診療科目	内科

愛知県	**日比初紀**さん（副院長）
勤務先	協立総合病院
住　所	名古屋市熱田区五番町4-33
電　話	052-654-2211
診療科目	泌尿器科

愛知県	**志津直行**さん
勤務先	医療法人 大曽根外科
住　所	名古屋市北区平安1-8-11
電　話	052-911-8028
診療科目	整形外科、脊椎脊髄外科

愛知県	**徳倉達也**さん（助教）
勤務先	名古屋大学医学部附属病院
住　所	名古屋市昭和区鶴舞町65番地
電　話	052-741-2111
診療科目	精神科

愛知県	**黒田俊幸**さん（院長）
勤務先	医療法人健志会 クロダ歯科
住　所	名古屋市天白区境根町150番地
電　話	052-892-8760
診療科目	歯科、小児歯科、矯正歯科

愛知県	**平野健一**さん（院長）
勤務先	平野整形外科
住　所	名古屋市中村区鳥居通2-24-1
電　話	052-481-1266
診療科目	整形外科

愛知県	**松本昌久**さん（院長）
勤務先	まつもとクリニック
住 所	愛知郡東郷町春木音貝97番地
電 話	052-848-8888
診療科目	内科、消化器内科、外科

三重県	**東山浩敬**さん（院長）
勤務先	東山胃腸科内科
住 所	伊勢市小俣町元町1159-2
電 話	0596-22-4309
診療科目	胃腸内科・消化器科・内科

大阪府	**藤原正義**さん（部長）
勤務先	大阪暁明館病院
住 所	大阪市此花区西九条5丁目4-8
電 話	06-6462-0261
診療科目	一般内科

大阪府	**糸氏明子**さん
勤務先	医療法人 糸氏医院 / 冨沢産婦人科こどもクリニック
住 所	大阪市住之江区西加賀屋1-1-6 / 枚方市西禁野2-8-9
電 話	06-6681-2772 / 072-847-7129
診療科目	婦人科

大阪府	**新井達也**さん
勤務先	新井整形外科クリニック
住 所	大阪市住吉区長居3-13-3オプスローザビル2階
電 話	06-6691-1600
診療科目	整形外科

大阪府	**川岸隆彦**さん
勤務先	かわぎし内科
住 所	大阪市天王寺区堀越町16-10大信ビル9F
電 話	06-6776-8111
診療科目	内科

大阪府	**下條信雄**さん（院長）
勤務先	下條内科クリニック
住 所	大阪市西区本田3-5-24
電 話	06-6582-0250
診療科目	内科

大阪府	**水野宅郎**さん（院長）
勤務先	水野クリニック
住 所	河内長野市千代田台町6-1
電 話	0721-53-6420
診療科目	循環器内科

大阪府	**宇野洋史**さん（部長）
勤務先	医療法人錦秀会　阪和第二泉北病院
住 所	堺市中区深井北町3176番地
電 話	072-277-1401
診療科目	麻酔科

大阪府	**源 伸夫**さん（院長）
勤務先	みなもと歯科医院
住 所	吹田市五月が丘西7-1 プラネビル
電 話	06-6388-1980
診療科目	歯科

大阪府	**外村大輔**さん（副部長）
勤務先	医療法人春秋会 城山病院　心臓血管センター
住 所	羽曳野市はびきの2-8-1
電 話	072-958-1000
診療科目	循環器科

大阪府	**伊藤真吾**さん
勤務先	医療法人春秋会 城山病院　救急総合診療センター
住 所	羽曳野市はびきの2-8-1
電 話	072-958-1000
診療科目	救急科、整形外科

大阪府	**水沢慶一**さん（副部長）
勤務先	医療法人藤井会 石切生喜病院
住 所	東大阪市弥生町18-28
電 話	072-988-3121
診療科目	整形外科

兵庫県	**小畑利之**さん（副診療部長）
勤務先	赤穂市民病院
住 所	赤穂市中広1090番地
電 話	0791-43-3222
診療科目	総合内科

兵庫県	**石川 靖二**さん（副院長）
勤務先	神戸医療生活協同組合 神戸協同病院
住 所	神戸市長田区久保町2-4-7
電 話	078-641-6211
診療科目	外科

兵庫県	**杉原英治**さん
勤務先	医療法人社団祐優会 オクノクリニック
住 所	神戸市中央区三宮町1-2-1 三神ビルB1F
電 話	0120-305-598
診療科目	放射線科

兵庫県	**植木 健**さん（主任部長）
勤務先	公立宍粟総合病院
住 所	宍粟市山崎町鹿沢93
電 話	0790-62-2410
診療科目	産婦人科

兵庫県	**岸田 健**さん（院長）
勤務先	岸田内科クリニック
住 所	西宮市高松町7-5
電 話	0798-69-1320
診療科目	内科

奈良県	**石崎嘉孝**さん（副院長）
勤務先	医療法人田北会 田北病院
住所	大和郡山市城南町2-13
電話	0743-54-0112
診療科目	整形外科

和歌山県	**西端和哉**さん（院長）
勤務先	にしばた形成外科クリニック
住所	和歌山市新堀東2-1-15
電話	073-425-6223
診療科目	形成外科 頭頚部外科

鳥取県	**森 美知子**さん（院長）
勤務先	成実ひふ科クリニック
住所	米子市石井699-1
電話	0859-26-4518
診療科目	皮膚科

島根県	**松下耕太郎**さん（所長）
勤務先	隠岐の島町布施へき地診療所
住所	隠岐郡隠岐の島町布施642-1
電話	08512-7-4346
診療科目	外科、内科

岡山県	**河合伸一郎**さん（院長）
勤務先	河合内科
住所	岡山市北区中山下2-2-63
電話	086-223-2704
診療科目	内科

広島県	**山崎 聡**さん（院長）
勤務先	山崎内科クリニック
住所	広島市西区三篠町2-4-28
電話	082-230-5555
診療科目	循環器内科

広島県	**堀江泰史**さん（院長）
勤務先	ほりえ歯科
住所	広島市佐伯区藤の木3-21-14
電話	082-929-7101
診療科目	歯科

広島県	**塚本秀樹**さん
勤務先	医療法人節和会 三好眼科
住所	福山市大黒町2-39
電話	084-927-2222
診療科目	眼科

福岡県	**三宮貴彦**さん（理事長）
勤務先	医療法人桜康会 三宮整形外科医院
住所	久留米市諏訪野町1775-2
電話	0942-34-7651
診療科目	整形外科、運動器リハビリテーション

福岡県	**田山光介**さん（院長）
勤務先	医療法人 田山メディカルクリニック
住所	久留米市津福本町60-3
電話	0942-34-0021
診療科目	乳腺外科、呼吸器内科、外科、胃腸内科

佐賀県	**佐藤智丈**さん（院長）
勤務先	さとうクリニック
住所	佐賀市川副町大字南里372-1
電話	0952-45-8000
診療科目	内科、外科、消化器科

熊本県	**藤井 績**さん（部長）
勤務先	荒尾市民病院
住所	荒尾市荒尾2600番地
電話	0968-63-1115
診療科目	小児科

熊本県	**安田紀之**さん（院長）
勤務先	医療法人安田会 安田内科医院
住所	玉名市横島町横島3387
電話	0968-84-3131
診療科目	内科

鹿児島県	**森山一郎**さん（院長）
勤務先	医療法人社団 もりやま耳鼻咽喉科
住所	鹿児島県鹿児島市田上2丁目15-11 城ケ平ビル3F
電話	099-286-6262
診療科目	耳鼻咽喉科

鹿児島県	**松下賢治**さん
勤務先	川辺生協病院 / 鴨池生協クリニック
住所	南九州市川辺町両添1118 / 鹿児島市鴨池新町5-8
電話	0993-56-6111 / 099-252-1321
診療科目	小児科

鹿児島県	**岡村美和子**さん
勤務先	医療法人尚和会 南九州さくら病院
住所	南九州市知覧町永里2082
電話	0993-84-1311
診療科目	女性心療内科

どうしても
走りたい
ランナーへ

　この書籍を手に取ってくださったランナーのみなさま、ありがとうございます。
整形外科医である私が、ランナーに向けてこの本を書こうと思ったのは3つの考えからです。

ランナーの多くは……
1　怪我や故障があっても走りたい
2　でもメンテナンスはそこそこ
3　ゆえに常に課題を抱えがち
→　この状況をなんとかしたい！！

　タイムやスタイルに関係なく走る医師団も含め、みんな「走るのが大好き」。多少痛みがあっても走りたいし、故障したら少しでも早く復帰したい、という気持ちはランナー全員に共通しています。
　私たちは日頃病院で、多くのランナー障害を診ています。しかしながら「予防」に力を入れているランナーは意外にも少ないのが現実です。
　「毎日少しでいいから、家でメンテナンスをしてれば、ここまでひどくはならなかったのに……」と思う事は多々あります。
　毎日家で実施できるセルフメンテナンス、

そして病院、治療院に行かなければならない見極めを知っていただきたい、という想いが募り今回の出版へとつながりました。
　私たち走る医師団は医師、理学療法士、管理栄養士がメンバーです。
　悩みを聞かせていただいたのは、市民ランナーの憧れであるサブスリーランナーです。月間250～300kmの練習は必要といわれるサブスリーランナーのみなさんは、身体の部位の怪我や故障に対して、何かしらの悩み、課題を抱えています。
　文字数の関係もあり、サブスリーランナーのみなさんからの質問、我々医師団の回答も存分に記すことはできていませんが、なるべく分かりやすく解説したつもりです。
　100人のサブスリーランナーに加え、自身でセルフメンテナンスができている5人のサブスリーランナー、現役で活躍しているプロランナー、ランニングプロコーチ、そして歴史を築いている俊足ランナーにもご協力いただきました。

人と人とのつながりが生み出した「奇跡の本」

　この本は「人と人とのつながり」が生み出

松田芳和
（整形外科医）

富山医科薬科大学（現富山大学）医学部卒業
まつだ整形外科クリニック院長、日本整形外科
学会専門医、日本スポーツ協会公認スポーツド
クター、日本医師ジョガーズ連盟所属ランニン
グドクター、埼玉県ラグビー協会メディカル委
員、一般社団法人健康スポーツ研究会会長
フルマラソンのベストタイムは3時間58分06秒
（東京2012）

した「奇跡の本」です。今回、ご協力いただいたサブスリランナーのみなさん、エッセイを寄稿いただいたみなさん。

本書の帯を飾ってくださったマラソン界を代表するプロランナーの大迫傑選手、神野大地選手。おふたりは「マラソン業界をさらに盛り上げたい」という熱い気持ちで活躍、活動されています。

本書が出版になる次の日曜日（2020年3月1日）におふたりが大きな目標に向かって東京マラソンを走っているなんて、まさに奇跡、感謝感激です。

また、我々医師団の気持ちをまとめて企画にしてくださった編集者の市村まやさん、スタッフ、そして写真班のみなさんには感謝してもしきれません。

最後になりましたが本書の出版を引き受けてくださった出版社、株式会社カンゼンの滝川昂さんには心より感謝申し上げます。

この奇跡の本で一人でも多くのランナーのみなさんが怪我・故障を予防改善し、1日でも長く笑顔で走れますように。

2020年2月11日

編集長：市村まや

ブックデザイン：小松清一（FACE DESIGN）

本文イラスト：庄司 猛

写真：走る医師団写真班

編集：滝川 昂（株式会社カンゼン）

取材協力：中村康弘、鈴木千史、川口太希、日永田和嗣、
　　　　　吉田竜童、栗山哲夫（FRES）、Okome Kitchen

**現役サブスリーランナー 100人の悩みを解決
走る医師団が答える「ランニングケア」**

発行日　2020年3月10日　初版

著　者　松田 芳和
発行人　坪井 義哉

発行所　株式会社カンゼン
〒101-0021
東京都千代田区外神田2-7-1 開花ビル
TEL 03(5295)7723
FAX 03(5295)7725
http://www.kanzen.jp/
郵便為替 00150-7-130339

印刷・製本　株式会社シナノ

ISBN 978-4-86255-544-1
Printed in Japan
定価はカバーに表示してあります。
ご意見、ご感想に関しましては、kanso@kanzen.jpまでEメールにてお寄せ下さい。
お待ちしております。

無料の公開講座やランニング障害についての情報が盛りだくさん！
ぜひアクセスしてみてください！

一般社団法人健康スポーツ研究会
ホームページ